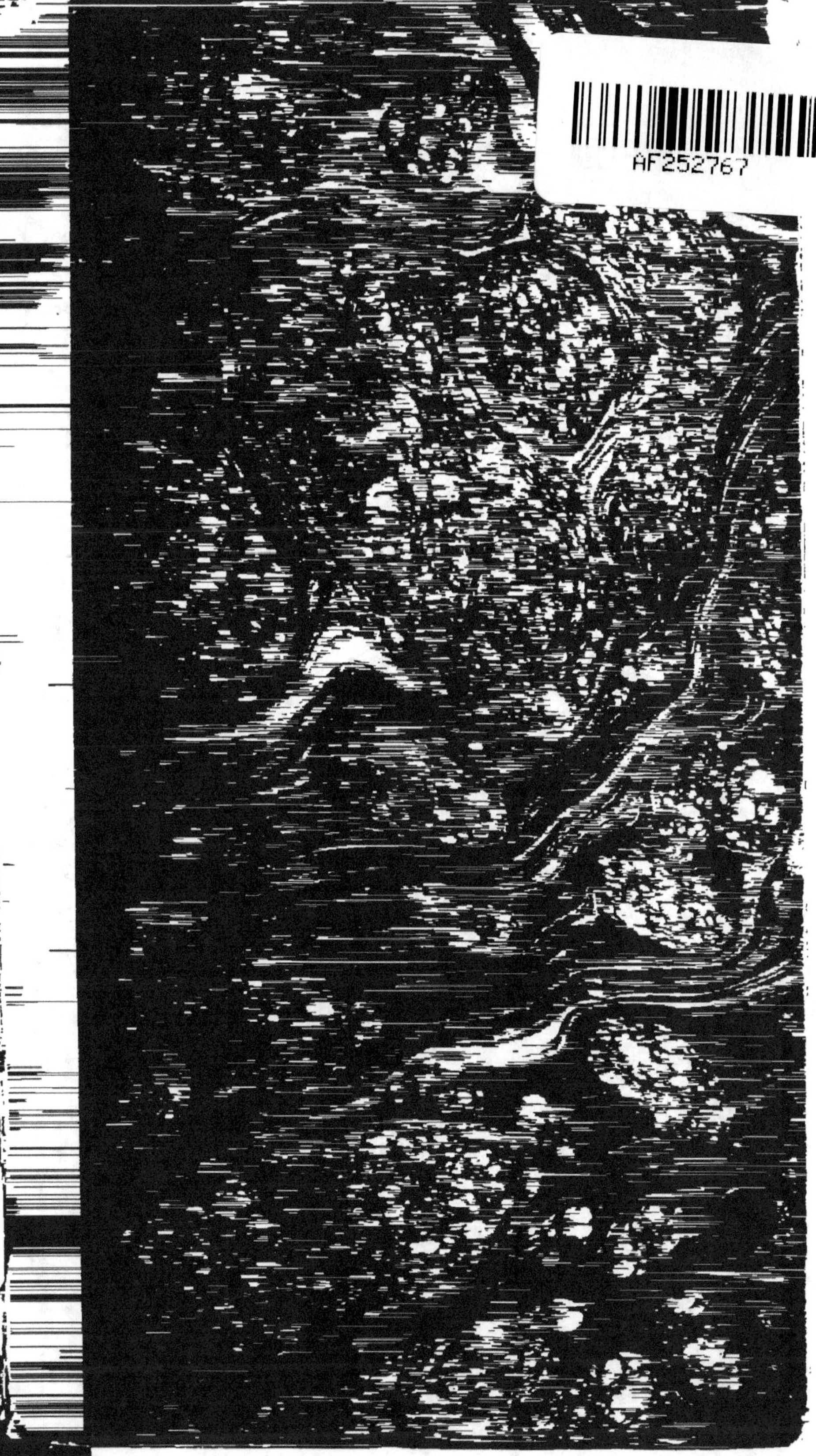
AF252767

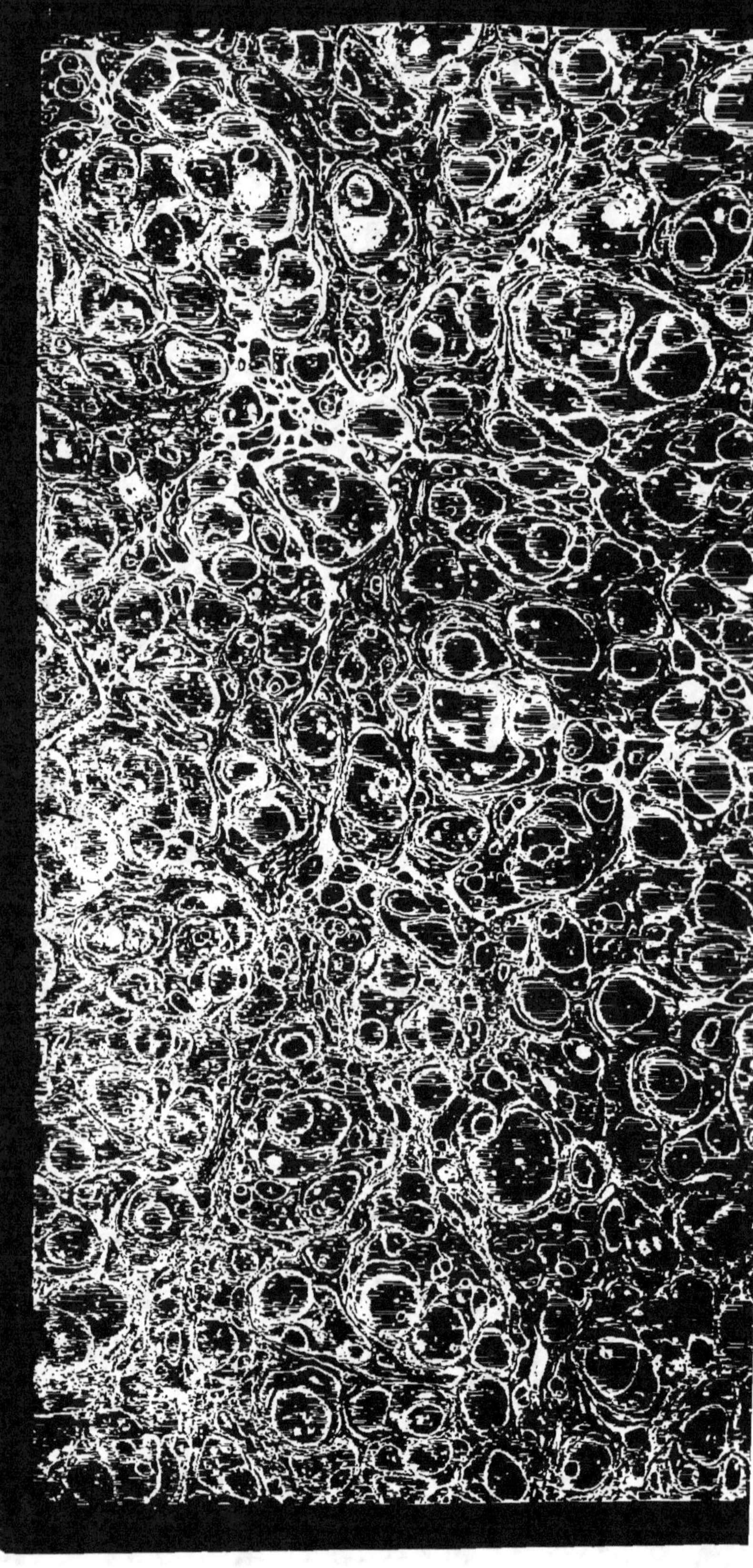

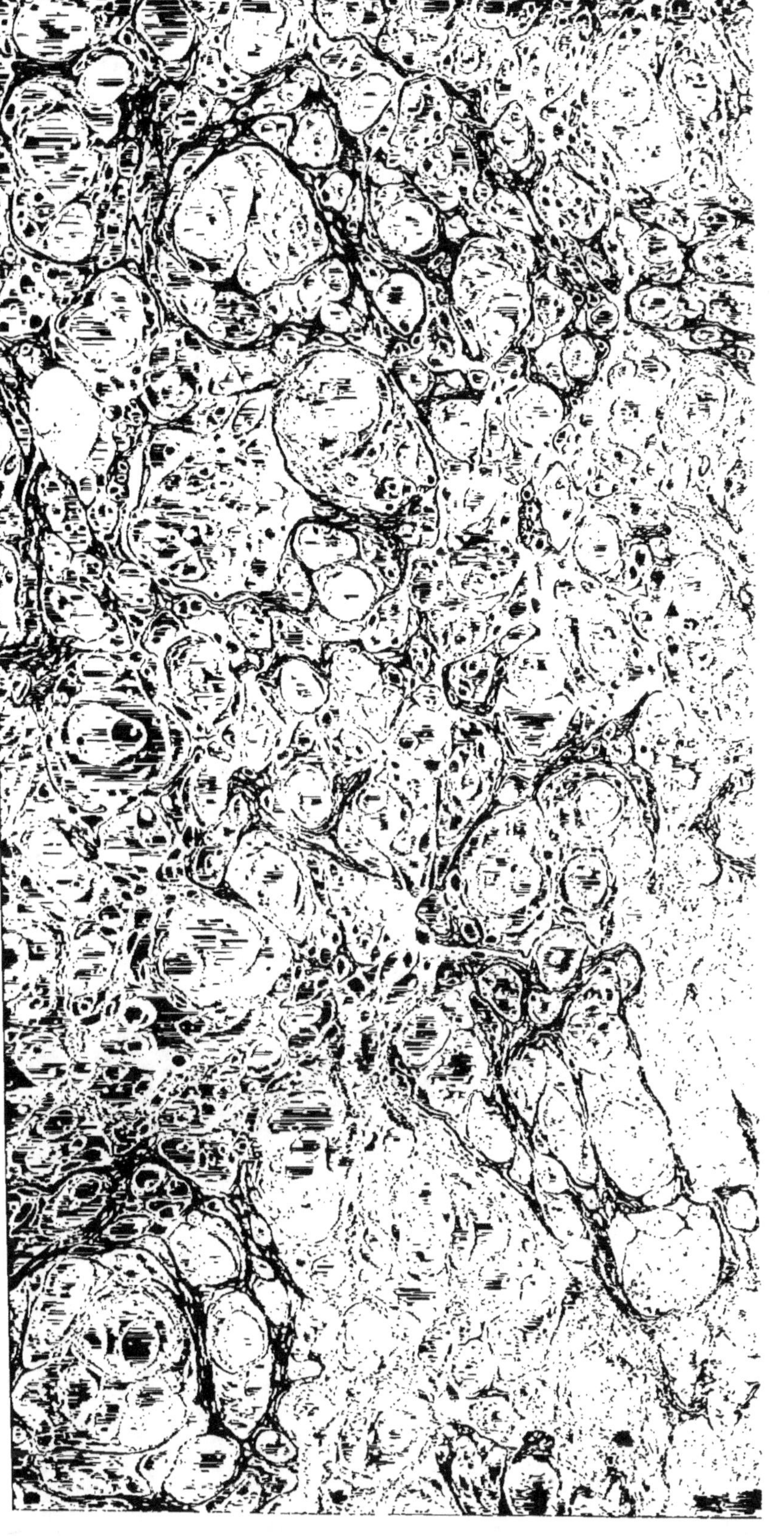

LES HERMITES

EN PRISON.

Les formalités exigées ayant été remplies, les contrefacteurs seront poursuivis suivant la rigueur des lois.

———

Cet ouvrage se trouve aussi à

Agen . . chez	Noubel.	
Aix-la-Chap.	Laruelle.	
Angers	Fourrié-Mame.	
Arras	Topino.	
Bayonne . . .	Bonzom.	
Berlin	Schlesinger.	
Besançon. .	{ Deis.	
	Girard.	
Blois. . . .	Aucher-Éloi.	
	Mme. Bergeret.	
	Lawalle jeune.	
	Melon.	
Bordeaux. .	Coudert.	
	Gassiot.	
	Gayet.	
Bourges. . . .	Gilles.	
Breslau. . . .	Korn.	
	Le Fournier-Desp.	
Brest. . . .	Egasse.	
	Michel.	
	Lechartier.	
	Demat.	
Bruxelles. .	Stapleaux.	
	Lacrosse.	
Caen.	Mme. Belin-Lebaron.	
Calais	Leleux.	
Cambrai . . .	Giard.	
Chartres . . .	Hervé.	
Clermont-F. .	Thibaud.	
	Lagier.	
Dijon. . . .	Noellat.	
	Tussa.	
Dunkerque.	{ Bronner-Beauwens.	
	Létendart-Delevoye.	
Florence . . .	Piatti.	
Francfort. . .	Brœnner.	
	Dujardin.	
Gand. . . .	Houdin.	
	Paschoud.	
Genève. . .	Mangez-Cherbuliez.	
	Duflo.	
Havre . . .	Chapelle.	
Lausanne. . .	Fischer.	
Leipsick . . .	Grieshammer.	
	Desoër.	
Liége . . .	Collardin.	
Lille	Vanackere.	
Limoges . . .	Bargéas.	

	Bossange.	
Londres . .	Dulau.	
	Treuttel et Würtz.	
Lorient. . .	Caris.	
	Fauvel.	
	Bohaire.	
Lyon	Faverio.	
	Maire.	
Manheim. . .	Artaria et Fontaine.	
Mans	Pesche.	
	Chardon.	
	Maswert.	
Marseille. .	Moissy.	
	Camoin.	
	Chaix.	
Metz. . . .	Devilly.	
	Thiel.	
Mons	Leroux.	
Montpellier	Sevalle.	
	Gabon fils.	
Moscou. . . .	Fr. Riss père et fils.	
Nancy. . . .	Vincenot.	
Nantes	Busseuil.	
	Borel.	
Naples. . .	Marotta et Vanspandoch.	
Nîmes. . . .	Melquiond.	
Niort.	Elies-Orillat.	
Orléans. . . .	Huet-Perdoux.	
	Duchesne.	
Rennes. . .	Molliex.	
	Frère.	
	Renault.	
Rouen . . .	Dumaine-Vallé.	
Saint-Brieux .	Lemonnier.	
Saint-Malo. .	Rottier.	
Saint-	C. Weyer.	
Pétersbourg	Saint-Florent.	
Stockholm. . .	Cumelin.	
Strasbourg . .	Levrault.	
	Vieusseux.	
Toulouse. .	Senac.	
	Ch. Bocca.	
Turin . . .	Pic.	
Valenciennes.	Lemaître.	
Vienne	Shalbacher.	
Warsovie. . .	Klugsberg.	
Ypres.	Gambart-Dujardin.	

IMPRIMERIE DE FAIN,
PLACE DE L'ODÉON.

E. JOUY.

de l'Académie française.

LES ... LES

EN PRISON,

PAR ... JOUY ET DE JAY,

... DES

... OBSERVATIONS
...

... Ouvrage ... ...
De ... gravures et ... vignettes

...

...

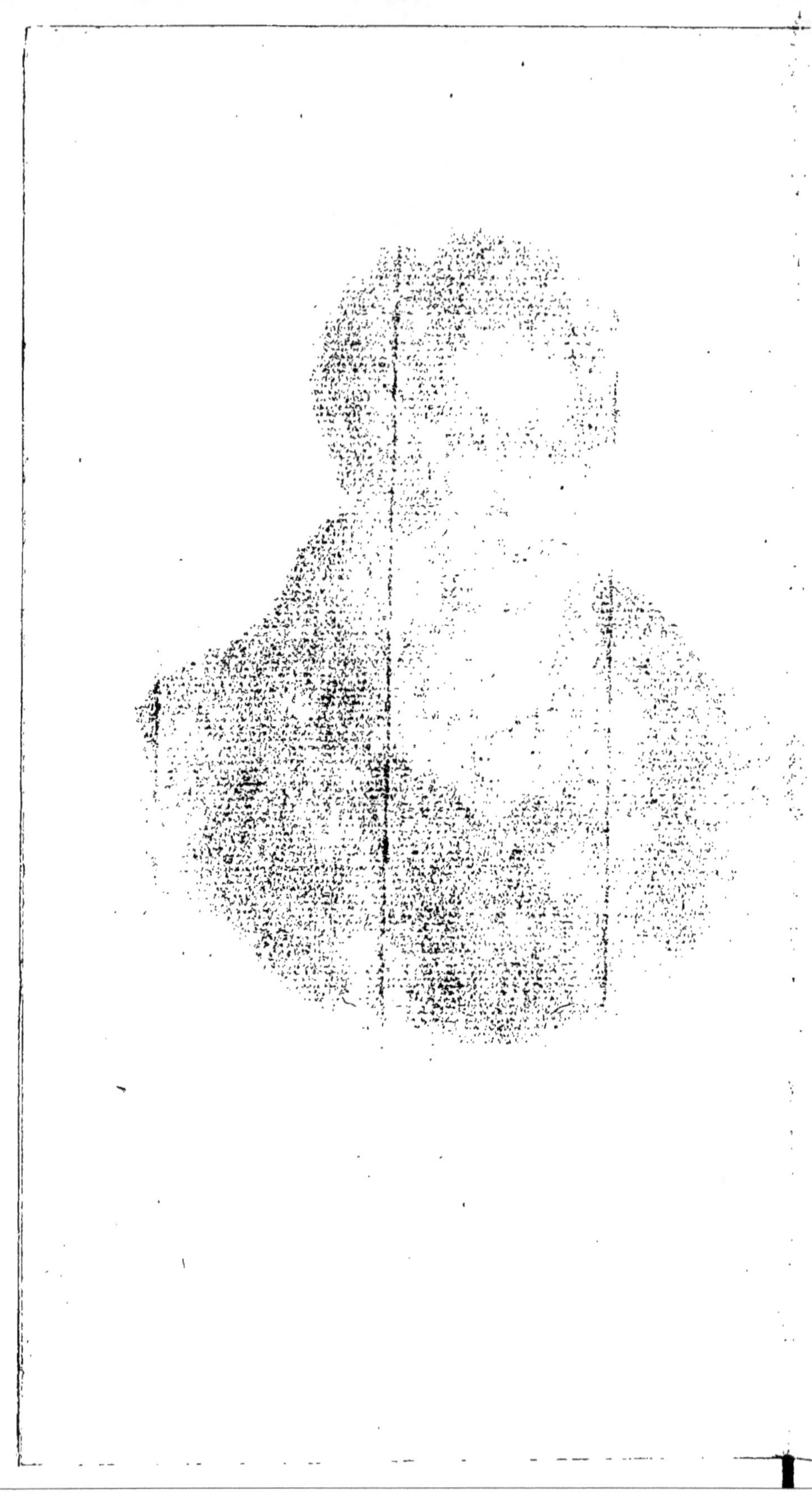

LES HERMITES

EN PRISON,

PAR E. JOUY ET A. JAY;

POUR FAIRE SUITE

AUX OBSERVATIONS

SUR LES MŒURS ET LES USAGES FRANÇAIS
AU COMMENCEMENT DU XIXe. SIÈCLE,

PAR E. JOUY,

MEMBRE DE L'INSTITUT.

CINQUIÈME ÉDITION,

Ornée du portrait des Auteurs,

De deux gravures et six vignettes.

TOME PREMIER.

A PARIS,

CHEZ LADVOCAT, LIBRAIRE - ÉDITEUR;

A LONDRES,

CHEZ MARTIN BOSSANGE ET Cie.,
14 GREAT MARLBOROUGH-STREET.

1823.

A. JAY.

PRÉLIMINAIRE

DES C[illegible]

[illegible] [illegible] [illegible]
[illegible] [illegible]
[illegible] de M[illegible]
[illegible] [illegible]
avions trop [illegible] [illegible]
[illegible] des juges [illegible]
[illegible] [illegible]
été dit [illegible]
[illegible]
[illegible]
[illegible]

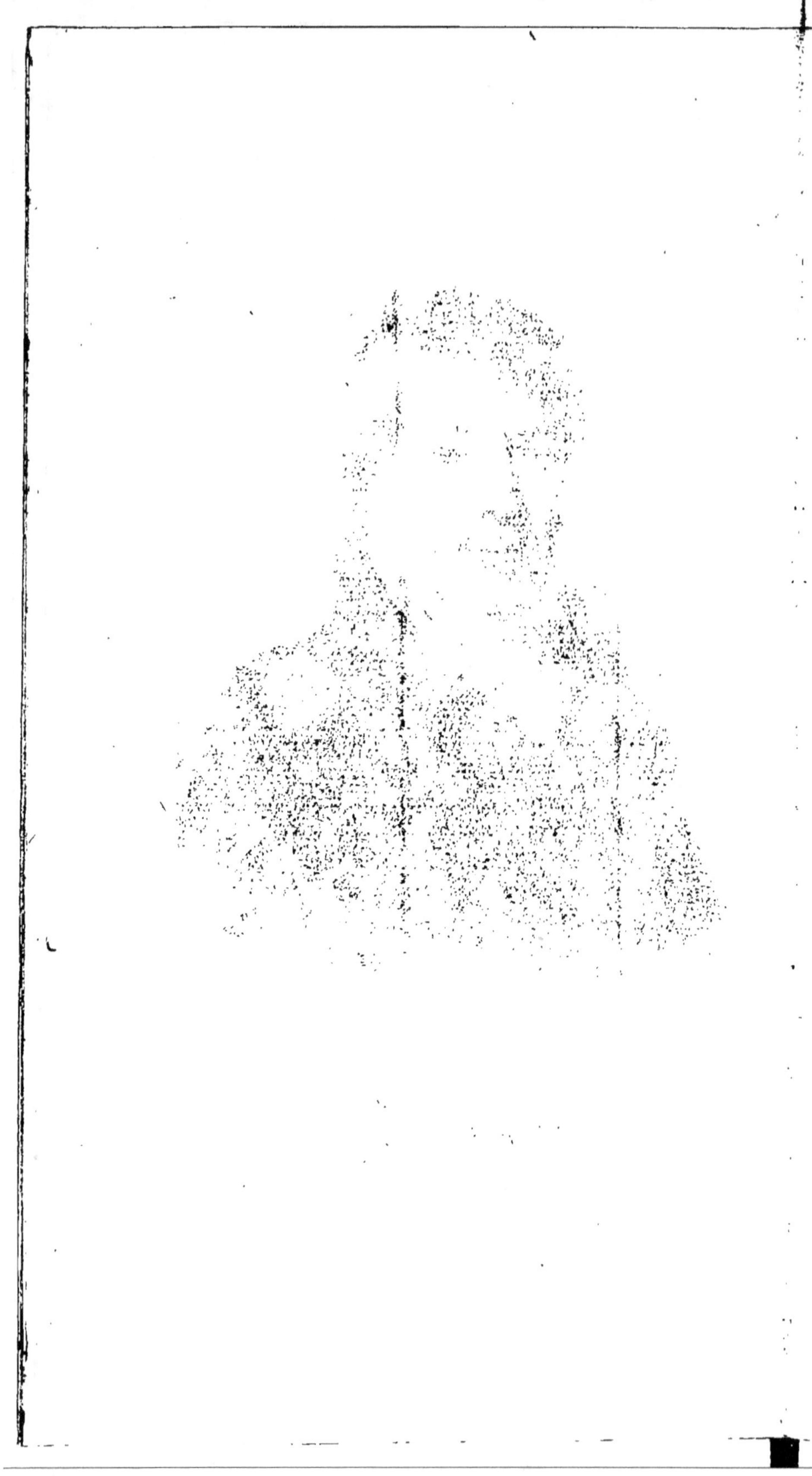

PRÉLIMINAIRE

DES CONSOLATIONS.

Nous venions d'être condamnés par
la cour royale de Paris, statuant sur
l'appel de M. le procureur du roi, à
subir un mois de détention [1]. Nous
avions vingt-quatre heures pour mau-
dire nos juges; nous nous sommes con-
tentés de les plaindre; et nous avons
été dîner. Il faut que l'air du palais
de justice aiguise l'appétit. Sans cela,
j'aurais de la peine à expliquer la manière distinguée dont nous nous som-

[1] Voy. les *pièces justificatives*, à la fin du tome
second.

mes conduits à table, et l'embonpoint de la plupart de nos magistrats. Si j'étais docteur de la faculté, et qu'il me tombât sous la main quelques-uns de ces sybarites qui sont toujours mécontens de leur estomac, je leur prescrirais une promenade de deux heures dans la salle des Pas-Perdus, je les forcerais de respirer quelques minutes l'air de la grand'chambre, et je suis sûr qu'ils s'en retourneraient affamés. Nous laissons à nos plus célèbres médecins le soin d'assigner les causes de ce phénomène.

Nous voilà donc à table, dissertant, sur notre procès, sur la faconde de M. l'avocat-général, l'éloquence de M. Dupin, et l'arrêt prononcé. Nous avions beau retourner la chose en cent manières, nous trouvions toujours pour dernier résultat : « *Il faut al-*

ler en prison. » Je ne connais pas de mots plus fâcheux à prononcer; ils ne renferment pas une seule idée agréable.

Nous avons des amis, une famille, même des petits-enfans; il faudra les quitter. Ce qu'il y a de pis, c'est qu'ils seront plus sensibles que nous à la détention qui nous attend. Il y aura des regrets, des plaintes amères, des larmes même à essuyer, toutes choses que la loi ne prévoit pas et qui aggravent la peine; car, dans une pareille circonstance, on souffre moins pour soi que pour les autres. Mais le sort en est jeté, nous irons à Sainte-Pélagie.

Toutefois il ne suffit pas d'aller en prison, il faut savoir ce qu'on y fera. Le temps n'a point d'ailes pour le captif; on dirait au contraire qu'il marche à pas comptés, et que parfois même il lui prend fantaisie de s'arrêter.

C'est un grave inconvénient auquel il faut porter remède. Si nous parvenons à échapper au temps, nous échapperons pour ainsi dire à la captivité. Faisons-nous une occupation qui remplisse les trente jours de notre réclusion. Si les libres exercices du corps nous sont défendus, qui nous empêchera d'exercer nos facultés intellectuelles? La pensée est libre sous les verrous comme au milieu des champs, aucun arrêt ne peut la mettre en détention.

« Cela est tout-à-fait raisonnable, » nous dit un ami qui écoutait ces ré- » flexions. Vous allez voir des objets » nouveaux, éprouver de nouvelles » sensations. Prenez la résolution de » peindre les uns, d'exprimer les au- » tres; vous ne serez jamais embarras- » sés de votre loisir. Le recueil de vos » observations formera un ouvrage qui

» aura du moins le mérite de l'origina-
» lité. On ne vous accusera pas d'avoir
» composé votre livre avec d'autres li-
» vres, reproche qui tous les jours de-
» vient plus commun et mieux fondé.
» Vous nous parlerez de Sainte-Pélagie,
» de son régime, des prisonniers dignes
» de remarque que vous y trouverez.
» Vous aurez des caractères à retracer,
» des infortunes à décrire, des aper-
» çus philosophiques à saisir. L'utilité
» peut se joindre à l'agrément dans
» un tel ouvrage. Que voulez-vous de
» plus? »

Ces sages considérations nous déterminèrent. Mais ce n'est pas assez d'a-
voir un sujet, même de l'avoir traité.
Il nous faut un titre; c'est peut-être ce
qu'il y a de plus important, surtout pour
le libraire. J'en connais qui ont l'esprit des titres à un haut degré, et qui,

avec ce talent, mettraient en vogue même un recueil de discours académiques. Pour nous, nous nous contenterons d'un titre significatif et sans prétention. « Que pensez-vous de celui-ci : *les Hermites en prison*, ou *Consolations de Sainte-Pélagie?* Il n'a rien d'ambitieux, il dit bien ce qu'il veut dire. Nous pensons même qu'il excitera l'intérêt, car, au temps où nous sommes, il peut être intéressant de savoir comment on se console en prison. »

Notre ami applaudit à cette idée. « J'espère bien, dit-il, que vos consolations n'affligeront personne, et qu'on ne dira pas de vous ce qu'on a dit d'un certain écrivain, « que sa félicité était » l'infortune de ses lecteurs. »

Nous tâcherons d'éviter cet inconvénient; mais qui peut répondre de la destinée! Le public est un juge tantôt indulgent, tantôt sévère; heureusement il est indépendant, on ne lui dicte point ses arrêts. Espérons!

A. J.

LES HERMITES

EN PRISON.

N°. 1er. — 20 *avril* 1823.

PREMIÈRE CONSOLATION.

ENTRÉE A SAINTE-PÉLAGIE.

Virtus est domare quæ cuncti pavent.
SÉNÈQUE.

(Le propre de la vertu est de nous rendre supérieurs
à tout ce qui épouvante les autres.)

ME voilà condamné à passer un mois à
Sainte-Pélagie. — « Eh bien ! soit, dis-je à
M°. Coche, notre avoué, je suis tout prêt
à boire ce calice ; je vais de ce pas me faire

écrouer. »—« Vous êtes bien impatient, me répondit Mᵉ. Coche; n'entre pas en prison qui veut. Il faut d'abord que le délai de trois jours, temps utile de votre appel, soit expiré; il est encore nécessaire que votre arrêt, dûment libellé, soit revenu au parquet de M. le procureur du roi. Ensuite ce magistrat, ou son substitut, vous octroiera la permission d'obéir à justice. Ce préalable rempli, nous chercherons quelque loyal huissier qui veuille bien nous servir d'escorte, et ce n'est qu'après toutes ces formalités que je vous déposerai légalement au greffe de Sainte-Pélagie. »

—« Mon cher Mᵉ. Coche, vous parlez en avoué plein d'expérience, en homme versé dans la langue vernaculaire du parquet; vous en connaissez parfaitement les us et coutumes, et nous ne saurions mieux faire que de suivre vos sages conseils. Si l'on connaissait tout l'intérêt que vous portez à vos cliens, l'activité et l'intelligence avec lesquelles vous aplanissez les obstacles, vous seriez surchargé d'affaires. Arrangez donc tout pour le mieux, et faites que mon compagnon et moi nous ayons le plus tôt possible la liberté d'entrer en prison. »

Enfin tout est consommé. Nous voilà dans le greffe de Sainte-Pélagie. J'ai embrassé mon gendre et ma pauvre fille qui s'en retourne le cœur serré et les yeux pleins de larmes; elle s'étonnait sans doute de me voir aussi calme que dans les situations communes de la vie. C'est que j'ai appris depuis long-temps à ne donner aux choses que leur juste valeur.

— « Où nous conduisez-vous? » dit M. Jouy à un guichetier qui nous indiquait un escalier étroit et obscur.

— « Je vous mène à vos chambres dans le corridor Rouge. »

Ce corridor Rouge était très-noir; il se divise en grand et petit corridor, lesquels communiquent l'un à l'autre; ils sont sous la même surveillance.

« N°. 4 du petit corridor, dit notre conducteur à mon compagnon de captivité; voilà votre logement; vous y serez très-bien, vous pourrez voir à travers vos grilles les détenus pour dettes se promener dans la cour de la maison; cela vous distraira : c'est la vue la plus agréable de Sainte-Pélagie. »

Je croyais qu'on allait me placer dans la cellule voisine. « Point du tout, me dit mon gardien; on a jugé convenable de vous séparer, et c'est dans le grand corridor, n°. 17, que vous allez établir votre domicile. »

« J'ai vu votre cellule, venez donc voir la mienne, » dis-je à M. Jouy. Nous suivons notre guide, et vers le milieu de ce grand corridor nous trouvons un groupe nombreux de détenus politiques qui nous attendaient pour nous souhaiter la bienvenue. Nous répondons comme il convient à cette politesse ; et nous causons un moment avec eux. Un événement qui s'était passé le jour même dans la maison faisait le sujet de tous les entretiens. Une jeune femme qui venait de quitter son mari, détenu pour dettes, s'était tiré deux coups de pistolet à balles dans le corps ; elle était tombée baignée dans son sang, et on l'avait déposée dans une maison voisine. La cause de cet acte de désespoir était encore inconnue.

Parmi les personnes qui nous entouraient je remarquai un jeune homme d'une physionomie douce, spirituelle, et dont les manières annonçaient une éducation distinguée. J'appris qu'il se nommait Magallon, et je me rappelai sur-le-champ *l'Album*, son procès, et M. Alexis Dumesnil. Dès ce moment je me proposai de faire connaissance avec M. Magallon.

Après avoir salué ces messieurs, j'entre dans mon réduit. Je pose ma lampe sur la petite table de bois blanc qui fait le plus bel ornement de ma chambre ; et comme il est encore de bonne heure, je songe à mettre de l'ordre dans mon logement. Une tablette est fixée contre le mur, elle me servira de bibliothéque. Voyons, plaçons-y le peu de livres que j'ai apportés avec moi : cela me distraira un moment.

Manuel d'Épictète. Lorsque je serai tenté de m'irriter contre l'injustice des hommes et l'infamie des calomniateurs, je demanderai à Épictète ce qu'il en pense ; si quelque sentiment haineux s'élève dans mon âme, j'aurai aussi recours à lui. Essayons :

« *Dis-moi, Épictète, ne faut-il pas que* » *je me venge, et que je rende le mal pour* » *le mal ?* »

« Eh ! mon ami, me répond-il, on ne t'a » point fait de mal, puisque le bien et le » mal ne sont que dans ta volonté. D'ail- » leurs si un tel s'est blessé lui-même en te » faisant injustice, pourquoi veux-tu te

» blesser toi-même en la lui rendant[1] ? —
» Mais on me fait une méchante affaire, on
» m'accuse d'impiété ! — Eh bien ! n'en ac-
» cusa-t-on pas Socrate ? — Mais on m'a
» condamné ! — Socrate ne fut-il pas con-
» damné de même ? Mets-toi bien dans la
» tête que la peine n'est jamais qu'où se
» trouve un délit réel : il est impossible que
» ces deux choses soient séparées. Ne te re-
» garde donc point comme malheureux.
» Qui fut le plus malheureux, à ton avis,
» de Socrate ou des juges qui le condam-
» nèrent[2] ? »

Il y a dans ces consolations quelque
chose d'un peu trop stoïque pour moi ;
mais enfin j'y réfléchirai, et je verrai quel
parti peut en tirer un prisonnier de Sainte-
Pélagie.—Que mettrai-je à côté d'Épictète ?

---

[1] *Manuel d'Épictète*, tom. 2, pag. 87, édit. de
1776.

[2] *Man. d'Épict.*, tom. 2, pag. 140 et 141.

— *L'Évangile* — Pourquoi non ? On veut que la philosophie et la religion soient deux ennemies irréconciliables ; pour moi je soutiens le contraire : elles ne diffèrent que dans des choses de très-peu d'importance, sur des articles qui n'ont rien d'essentiel ; le fonds est évidemment le même. Je prouverai, quand on voudra, qu'il faut être philosophe pour être réellement religieux. Je garderai mon Évangile ; il me fournira des textes, si j'en ai besoin, contre la dépravation humaine et les funestes conséquences de l'iniquité. — Je poursuis : voyons ce qui me tombe sous la main.

— *Hume.—Histoire des Stuarts.*—J'en suis bien aise. J'aime beaucoup l'histoire lorsqu'elle est écrite avec impartialité. On a voulu contester ce mérite à mon historien ; on a prétendu qu'il cherchait trop à atténuer les fautes des Stuarts ; en un mot, qu'il était trop Écossais et trop royaliste. Je le relirai avec attention, et je saurai ce que je dois en penser. Je me promets aussi quelque plaisir d'examiner les couleurs qu'il a mises sur sa palette pour peindre le juge Scroggs et le fameux Jefferies. Hume était un grand peintre : je veux étudier sa manière, j'en aurai peut-être besoin quelque jour.

Au surplus, il est de toute justice qu'il soit renfermé à Sainte-Pélagie. Il a osé dire que le colonel Harrisson, l'un des juges du malheureux Charles Ier., avait d'excellentes qualités; qu'il avait été entraîné par un fanatisme aveugle. Il a fait l'éloge du chevalier Vane, l'un des tribuns les plus fougueux du long parlement. On m'a prouvé clair comme le jour qu'un tel langage était une atteinte à la morale publique. Ainsi je condamne Hume à subir dans ma cellule un mois de détention; le délit étant pareil, il est juste que la punition soit égale. —Voici un petit volume : c'est un trésor.

— Les *Fables de La Fontaine*. — Aimable consolateur, philosophe sans faste, moraliste sans prétention, grand poëte sans avoir l'air de s'en douter, le prétendu bon homme ne manquait pas de malice. Je citerais, si j'osais, d'excellentes épigrammes de lui, où beaucoup de gens ne trouveraient pas le mot pour rire. Mais l'interprétation me fait peur, et je suis un peu comme le lièvre de notre fabuliste, qui craignait qu'on ne prît ses oreilles pour des cornes ; je marche ici sur des charbons ardens et je m'arrête. Si je pouvais, comme mon lièvre, courir les champs, je ne demanderais pas mieux. — Continuons.

— *Rapport au ministre de l'intérieur sur les prisons de Paris, par M. de Laborde.* — Bon ! voilà pour moi un ouvrage de circonstance ; j'en saurai faire mon profit.

— *Voyage dans les États-Unis d'Amérique par M. de la Rochefoucauld-Liancour.* — C'est mon livre ; c'est l'ouvrage d'un véritable philosophe, d'un ami sincère de l'humanité ; on m'a rendu service en le faisant entrer dans ma petite collection : il me fera passer des heures délicieuses ; il me retracera des sites admirables que j'ai vus ; il me rappellera des lois justes sous la protection desquelles j'ai long-temps vécu, des mœurs qui me sont familières ; il me parlera d'hommes arrivés à un haut degré de civilisation , et auprès desquels , malgré notre vanité mesquine, nous ne sommes que des barbares. Que de reconnaissance ne devrai-je pas à M. de la Rochefoucauld, son noble auteur !

Nous nous retrouverons ensemble dans ces champs fertiles, dans ces populeuses cités, où des autorités protectrices veillent sur la société comme la Providence , sans être autrement aperçues que par les effets de leur paternelle sollicitude. Heureuse terre, où l'on sait ce que vaut la liberté de l'homme, où un pouvoir soupçonneux ne s'arme point de criminelles rigueurs , et ne tend pas les lois comme des piéges sous les pas des citoyens, où la pitié n'est point un crime, où l'humanité est dans les institutions comme dans les mœurs!

De l'étroite enceinte où je suis resserré, l'imagination me transportera dans ces lieux où j'ai reçu jadis de si vives impressions, où la justice et la paix règnent en souveraines; j'entendrai encore les libres accens d'hommes qui connaissent leur dignité; et le spectacle d'un monde corrompu cessera un moment d'attrister mes regards.

J'en étais là, et j'allais poursuivre la revue de mes livres. Je tenais à la main un Platon, lorsqu'un bruit inaccoutumé frappa mon oreille. C'était le fracas des verrous et de la grosse clef qui tourne bruyamment dans l'énorme serrure. Mes illusions se dissipent; je me retrouve en France, je suis prisonnier.

Eh bien, reposons-nous; mon lit est prêt. Je suis seul avec moi-même, ma con-

science est pure, je dormirai d'un sommeil
paisible; plus paisible, j'oserais le parier,
que celui des hommes du pouvoir molle-
ment étendus sur le duvet ministériel.

Je ne m'étais pas trompé : je n'ai fait
qu'un somme que nul rêve fâcheux n'a troublé. Il est six heures, on ouvre ma porte.
Je puis errer à mon aise dans le corridor
Rouge, et descendre même dans une cour, où
quelques plantes étiolées s'échappent à regret d'un sol aride, comme si elles avaient
le sentiment de la captivité.

Je me disposais à descendre lorsqu'un
jeune détenu pour opinion m'aborde d'un
air ému et les yeux humides. « Savez-
vous, me dit-il, ce qui est arrivé ce matin
dans la prison? M. Magallon a été enlevé. »

— « Enlevé, qui? Ce jeune homme dont
la figure est si intéressante et pour qui j'é-
prouvais déjà un sentiment d'amitié? A-t-il
commis quelque nouveau délit? a -t-il troublé

l'ordre de Sainte-Pélagie? existe-t-il contre lui quelque grave sujet de plainte ? »

— «Non, en vérité; son caractère est plein de douceur, tous les détenus se plaisaient dans sa société; les guichetiers eux-mêmes (et c'est tout dire) ne pouvaient s'empêcher de lui porter de l'intérêt. Rien n'annonçait le malheur dont il était menacé; il dormait paisiblement lorsque vers les cinq heures deux hommes sont entrés brusquement dans sa chambre, et lui ont signifié l'ordre de descendre au greffe, en lui déclarant qu'on allait le transférer à la maison centrale de Poissy.

» M. Magallon, surpris de cette nouvelle, a demandé s'il ne lui serait pas permis d'attendre quelques heures pour avoir le temps de parler à sa femme, de la préparer à cette nouvelle séparation. Cette jeune femme, épouse dévouée, tendre mère de famille, est accablée de chagrins, pâlie par la souffrance, et dans un pitoyable état de santé :

elle ne trouvait de force que pour venir consoler son mari.

» La demande si juste, si naturelle de M. Magallon a été rejetée. C'était par ordre supérieur, il fallait partir. M. Magallon s'arme de courage, me serre la main et descend au greffe. »

Ici, mon jeune narrateur s'arrête pour essuyer une larme, et continue en ces mots.

« Des gendarmes attendaient M. Magallon. On lui signifie qu'on va lui mettre les *poucettes*, c'est-à-dire lui serrer fortement les pouces avec une ficelle, espèce de torture réservée jusqu'ici aux criminels de la plus vile espèce, le lier à un forçat libéré, condamné de nouveau pour vol, lui faire ainsi traverser Paris en plein jour et le conduire à Poissy.

» M. Magallon se récrie sur un pareil traitement. Il demande si du moins il ne pourra pas se servir d'une voiture à ses frais, observant qu'il y a sept lieues de

Paris à Poissy et qu'une telle course, à pied, dans une pareille situation, serait pour lui un véritable supplice.

» Le brigadier de gendarmerie, en considérant ce jeune homme d'un extérieur si prévenant, pouvait à peine contenir son émotion; il a pris son portefeuille, a tiré son ordre en silence et l'a montré à mon ami. Celui-ci relevant la tête, et rappelant toute son énergie, a tendu les mains à l'exécuteur et s'est contenté de dire, en levant les yeux au ciel : « Ma femme en mourra! »

A. J.

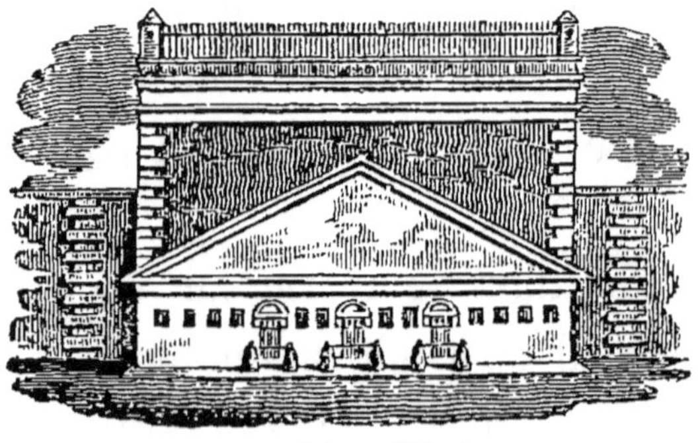

Sainte-Pélagie.

DEUXIÈME CONSOLATION.

LE RÉVEIL.

> Le vrai peut quelquefois n'être
> pas vraisemblable.   (BOIL.)

MÉRET! Méret!... mon thé.... mes journaux!... Personne ne vient... et ma sonnette dont je ne trouve plus le cordon.... Vous verrez que je serai obligé d'aller le réveiller moi-même... Mais j'entends quelqu'un dans l'antichambre.... Méret !.... Méret! — « A qui en avez-vous? — Comment! à qui j'en ai ?..... mais vous-même, comment vous trouvez-vous ici? — Parbleu, c'est bien à moi à vous faire cette question ;... quelquefois le changement de lit empêche de dormir. — Le changement de lit ?... en effet, cette petite fenêtre grillée, cette porte à guichet, ce papier de tente en lambeaux... cette figure que je ne connais pas; je ne suis point chez moi... Où diable suis-je ?... — En prison, mon cher monsieur. — En prison, moi ! — Tout comme un autre; si vous ne m'en croyez pas, votre camarade viendra dans un moment vous en donner l'assurance : en attendant, recueillez vos esprits; voilà votre porte ouverte, vous pourrez prendre l'air dans le corridor, où vous trouverez bonne et nombreuse compagnie. » En disant ces mots, le gardien porte-clef (car c'était bien un porte-clef) me salua en portant la main à son bonnet de police, et m'abandonna à mes réflexions.

Me voilà donc assis sur mon lit et promenant autour de moi des regards hébétés : peu à peu mes idées renaissent et s'ordonnent dans mon cerveau... Oui, je m'en souviens, je suis entré hier soir à Sainte-Pélagie, en exécution d'un arrêt de la cour royale qui me condamne à l'amende et à la prison, pour avoir dit qu'en 1815 les temps n'étaient pas les mêmes qu'en 1793.

> J'avais tort, soit; la chose est par trop claire,
> Et la prison a prouvé cette affaire.

Mais le délit était-il assez grave pour occuper pendant cinq heures un aussi auguste aréopage? L'honneur, qui s'est réfugié dans la conscience des magistrats (comme l'a dit très-gaiement le garde des sceaux), leur a donné l'explication de ces mots : *Les temps étaient changés*. M. l'avocat général a prodigué les fleurs et les foudres de son éloquence pour en démontrer toute la profondeur, toute la perfidie : j'ai dit que *les temps étaient changés*, donc j'ai voulu dire qu'ils étaient les mêmes, qu'ils étaient pires encore.... «Eh, messieurs! a répondu mon illustre défenseur, le pauvre homme n'y entendait pas malice; il en sait tout juste autant qu'un académicien, et ne donne aux mots et aux chiffres que la valeur qu'ils ont dans le Dictionnaire : 1815 n'était plus 93; voilà ce qu'il a dit, ce qu'il a pensé, et ce qui lui paraîtra incontestable jusqu'à ce que vous en ayez jugé autrement. »

Ce jugement a été rendu par un tribunal inférieur et confirmé par un arrêt de la cour royale; respect à la chose jugée, subissons notre arrêt; et comme il n'est pas de situation au monde dont un cœur droit et un esprit bien fait ne puisse tirer avantage, voyons si la nôtre ne nous offre pas quelques consolations.

D'abord je dirai comme Cicéron : « Je fais plus de cas du témoignage de ma conscience que de tous les jugemens que l'on peut porter contre moi [1]. » J'ai appelé en

---

[1] *Mea mihi conscientia pluris est quàm omnium sermo.*

dernier ressort à ce tribunal infaillible, et ma conscience a cassé radicalement l'arrêt de la cour, toute souveraine qu'elle est; je me tiens pour acquitté. Cette justice que je me rends d'une manière si solennelle n'abrégera pas d'une heure, il est vrai, la durée de ma réclusion; mais elle adoucira ma captivité, charmera ma solitude et nourrira dans mon âme des sentimens auxquels je dois le peu que je vaux, et dont les années qui commencent à peser sur ma tête affaiblissent trop souvent l'énergie.

D'ailleurs cet état d'isolement, sans inconvénient pour celui qui a des goûts solitaires, a encore cela d'avantageux, qu'il nous prépare à subir les douceurs du temps où nous vivons, en nous accoutumant à envisager de sang-froid la dernière et la plus impérieuse des nécessités. Presque tous les maux dont la vie abonde naissent, pour la plupart des hommes, de la répugnance invincible qu'ils ont à être seuls : presque jamais on ne veut faire comme soi; on veut faire comme les autres.

Une autre réflexion se présente à mon esprit : il y a bien peu de circonstances où un homme puisse avoir de son vivant la mesure exacte de l'intérêt qu'il inspire et connaître la place qu'il occupe dans l'estime de ses concitoyens. A tout âge un des plus grands chagrins de la vie est d'ignorer si l'on est aimé; entre les épreuves du malheur, qui peuvent seules nous éclairer sur ce point, l'épreuve d'une condamnation judiciaire n'est pas celle que j'aurais choisie; mais, puisqu'elle se présente, je me félicite très-sincèrement de trouver dans les témoignages de bienveillance et d'intérêt que j'ai reçus une douce compensation des rigueurs de la cour.

L'amour-propre trouve aussi son compte dans le sentiment de la persécution dont on se voit l'objet; on sent qu'elle nous élève à nos propres yeux; il y a une sorte de fierté de circonstance qui convient même à la modestie ; jamais je n'avais porté sur moi-même un jugement aussi favorable, jamais je n'avais joui aussi complétement du succès de mon dernier ouvrage dramatique, qu'en voyant accourir la foule à la soixante-quatrième représentation de Sylla, le jour même de la confirmation du jugement qui m'infligeait un châtiment que dans tous les pays la loi réserve aux filous et aux vagabonds.

C'est encore une consolation à laquelle je suis plus sensible qu'un autre que le choix de l'époque où nous entrons dans notre nouveau domicile. Le printemps, qui veut aussi nous faire sa cour, semble rétrograder et ne nous promet pas même ce que Shakspeare appelle si poétiquement :

The uncertain glory of an april day.

Il y a donc une sorte d'opportunité dans la nécessité où l'on nous met de passer entre quatre murailles des jours qui n'appartiennent plus à l'hiver et qui ne sont pas encore le printemps.

Résumons-nous ; j'étais, hier encore, heureux, tranquille, honoré au sein d'une famille que le ciel aurait pu me donner en dédommagement de toutes les infortunes qu'il se plaît quelquefois à rassembler sur une seule créature humaine; je me trouve ce matin, sans trop savoir pourquoi, sous quatre énormes verrous dans une prison où je dois, de compte fait, passer sept cent vingt-six heures, de la dernière et par conséquent de la plus courte partie de ma vie. Cette réflexion a quelque chose de pénible sans doute; mais je me suis jugé moi-même; l'affection de mes amis, l'intérêt et j'ose dire l'estime publique m'accompagnent dans ma prison ; les grands froids, si désagréables entre deux guichets, sont déjà passés; les beaux jours de la campagne ne sont pas encore revenus; j'ai déjà conçu l'idée d'un petit ouvrage que je ne pouvais faire que dans la prison où je suis; je puis donc prendre mon mal en patience et dire de moi ce que Lactance disait de Cicéron : « Il était déjà consolé, par la raison, par sa conscience et par ses amis, du mal dont il se plaignait encore. »

E. J.

TROISIÈME CONSOLATION.

M. MAGALLON.

Une injustice faite à un seul homme est
une menace pour tout le monde.
Pensées de CONFUCIUS.

LES craintes de M. Magallon ne se sont
pas réalisées. Sa femme a éprouvé, il est
vrai, une crise violente en apprenant la
translation de son mari, et surtout le cruel
traitement qu'il avait subi; mais elle a ras-
semblé toutes ses forces, et a trouvé l'énergie nécessaire pour soutenir cette nouvelle
épreuve. Le forçat libéré, auquel M. Magal-

lon avait été lié, était dévoré par la gale; il ne cessait de crier dans les rues et sur toute la route : « *Vivent les galériens! honneur aux » galériens!* » L'affectation avec laquelle il poussait ces cris honteux, comme pour forcer l'attention des passans, a fait soupçonner qu'il avait reçu quelque instruction secrète à cet égard. Cette dernière circonstance annoncerait un tel excès de perversité, un tel raffinement de barbarie, que pour l'honneur de l'humanité, je ne veux pas y croire.

Madame Magallon se hâte de se rendre à la maison centrale de Poissy; pâle, tremblante, éperdue, elle demande son mari; elle le voit revêtu de l'habit des malfaiteurs et veut se jeter dans ses bras. M. Magallon craignant d'avoir été atteint de la maladie dont les marques hideuses défiguraient son compagnon de voyage, se détourne, et apprend à sa malheureuse épouse le danger qu'elle court. Mais qui pourrait arrêter l'effusion d'un amour vertueux? Tous les spectateurs fondaient en larmes à ce spectacle, fait pour amollir, si la chose était possible, la férocité d'un inquisiteur.

Il faut être juste. Le récit de ces actes de rigueur, publié dans les journaux qui ne sont pas ministériels [1], a réuni les honnêtes gens de toutes les opinions dans le même sentiment de surprise et de blâme. Un honorable député de Paris, M. Alexandre de Laborde, pour qui l'occasion de secourir le malheur est une bonne fortune à laquelle il ne résiste jamais, M. Alexandre de Laborde a voulu vérifier lui-même des faits si étranges. Il est allé à Poissy; il a vu M. Magallon couvert de l'uniforme ignoble de la maison, jeté au milieu des voleurs dans un atelier où il est forcé de

---

[1] *Le Constitutionnel*, *le Courrier français*, *le Drapeau blanc*, *le Journal de Commerce* et *le Pilote.*

travailler à des ouvrages manuels qui ne sont conformes ni à son éducation ni à ses forces. Il s'est assuré que le forçat auquel on l'avait attelé se trouvait à l'hôpital, et qu'il y était traité de cette lèpre dont le nom même ne se prononce qu'avec dégoût. M. Magallon dit à M. de Laborde qu'il avait offert aux gendarmes de payer une voiture, ce que l'on ne refuse pas aux plus grands criminels, et que le brigadier lui avait répondu qu'il ne pouvait lui accorder cette faveur. De qui émanaient les ordres donnés à ce brigadier? quelle main les a signés? quelle imagination a conçu ce nouveau genre de torture, d'enchaîner un homme à la contagion, de le livrer à un supplice que la justice réprouve autant que l'humanité?

On pourrait croire qu'on veut nous forcer à regretter la Bastille. Si c'était là en effet l'arrière-pensée de quelques hommes ennemis naturels des institutions libérales, ils n'y parviendraient pas. Il est vrai que la réclusion à la Bastille pour les hommes de lettres était loin d'être rigoureuse, et qu'on ne les confondait ni avec les voleurs ni avec les forçats. Marmontel nous a laissé, dans ses Mémoires, une description de son séjour à la Bastille qui n'inspire aucun sentiment pénible; il y vivait en épicurien qui aime la bonne chère, et qui s'y connaît; il se loue des manières prévenantes du gouverneur, et des soins qu'il prenait pour adoucir sa situation. Mais enfin c'était contre toutes les lois, contre tout principe de justice, que Marmontel était détenu. Jugé par un caprice de courtisan, condamné sans avoir été entendu, arrêté en vertu d'une lettre de cachet, ignorant le terme de sa détention, il était sous la main de fer du despotisme. Il ne pouvait élever une voix libre contre l'oppression, ni protester, à la face du ciel, contre les oppresseurs. Qu'il eût fait le moindre mouvement de dépit dans ses chaînes, on pouvait le plonger vivant dans un cachot, et l'y faire mourir des années entières.

Aujourd'hui on peut se plaindre ; c'est la consolation des malheureux. Aujourd'hui, quel que soit le fond, les formes légales sont observées. On vous traduit devant un tribunal, on discute l'accusation, et on y répond, la réponse est publique. L'opinion générale vous condamne ou vous absout.

Au temps où nous sommes, il faut sinon un motif, du moins un prétexte pour l'accusation et la poursuite. Autrefois l'arbitraire seul en décidait ; une femme galante faisait enlever son mari ; la haine d'un grand seigneur, la vengeance d'un commis, suffisaient pour vous faire perdre la liberté ; une courtisane en faveur dictait des proscriptions. Il n'y avait point de loi positive qui vous mît à l'abri de la tyrannie.

Je n'ignore pas qu'on peut abuser des lois ; souvent on s'en est servi pour satisfaire de vils intérêts ; mais le triomphe de l'iniquité ne peut être de longue durée lorsqu'elle est en opposition avec les mœurs et l'opinion générale. La publicité seule est une garantie inappréciable contre les excès prolongés de l'oppression; rien n'est perdu lorsqu'une protestation énergique peut exposer l'oppresseur à l'indignation et au mépris.

Les anciens parlemens désapprouvaient sans doute les abus du pouvoir. D'illustres magistrats qui connaissaient et qui remplissaient leurs devoirs, réclamaient en faveur des victimes de l'arbitraire ; mais leur voix courageuse n'était point entendue, elle expirait aux pieds du despotisme ministériel, et ne pouvait pénétrer dans l'obscur donjon où gémissait souvent l'innocence. Non, la conduite de la police judiciaire à l'égard des écrivains détenus pour délits politiques et littéraires, quelle que soit cette conduite, ne nous fera pas regretter le régime des

lettres de cachet, et soupirer après la Bastille.

Voyez ce qui arrive dans la malheureuse
affaire de M. Magallon! la cruauté se tait
et ne tente pas même une apologie ; on
voudrait, s'il était possible, nier les circonstances les plus atroces de la translation.
Ce reste de pudeur, nous le devons à la
publicité : quant au fait en lui-même, débarrassé de ses honteux accessoires, on a
voulu le pallier en se mettant à l'abri de
l'usage. C'est, dit-on, une mesure administrative commune à tous les détenus que
la loi condamne à plus d'un an de prison.
M. Alexandre de Laborde répond à cette
objection d'une manière victorieuse.

« Les tribunaux, dit-il, en condamnant
» un homme à la prison, s'en remettent
» pour les moyens d'exécution à l'admini-
» stration qui prend à l'égard des individus
» les précautions qu'elle juge convenables
» pour s'assurer d'eux. Ainsi, c'est par une

» simple ordonnance de police que les voleurs
» et les gens sans aveu sont conduits, les
» mains liées, à pied, devant des gendar-
» mes ; car ces hommes, la plupart repris
» de justice, n'ont d'autre idée que de s'é-
» chapper pour recommencer leur infâme
» métier. Il est encore naturel qu'on leur
» donne un vêtement particulier dans la
» prison, afin que, s'ils s'échappaient, ils
» fussent reconnus sur-le-champ dans les
» campagnes. Mais est-il croyable qu'on
» applique ces précautions honteuses à des
» hommes bien nés qui se rendent volontai-
» rement à la prison qu'on leur indique,
» et qui ne peuvent jamais vouloir s'en éva-
» der ? car la peine du bannissement serait
» cent fois pire pour eux que celle de
» leur courte détention. Est-il croyable
» qu'on traîne de pareils hommes en spec-
» tacle dans les rues de Paris, punition
» plus cruelle que l'exposition au carcan,
» car elle se reproduit dans tous les quar-

» tiers où on passe? Est-il croyable enfin,
» qu'on attache un honnête homme à un
» voleur galeux, pour l'exposer à périr d'un
» mal aussi dangereux qu'ignoble? Quel est
» le juge, dit Bentham, qui a jamais con-
» damné un coupable aux rhumatismes, à
» la fièvre, aux maladies contagieuses?

» Lorsque le chef de l'ancien gouverne-
» ment commua en détention indéfinie la
» peine capitale à laquelle MM. de Polignac
» avaient été condamnés, l'idée ne lui vint
» pas de les obliger de revêtir un habit de
» voleur, et de carder de la laine ou d'é-
» plucher du coton. Cette atroce clémence
» eût révolté tout le monde, et MM. de
» Polignac eux-mêmes n'auraient pas voulu
» de la vie à ce prix. Or, comment peut-on
» ajouter aujourd'hui à une simple peine
» correctionnelle ce qui aurait paru barbare
» à cette époque, en échange de la peine
» de mort? »

Il est certain que l'article 40 du Code pénal, qu'on a cité pour justifier le traitement qu'ont éprouvé quelques détenus pour délits politiques, ne s'appliquait, dans la pensée du législateur, qu'aux malfaiteurs et aux vagabonds. Cela est si vrai, qu'à l'époque de la discussion sur la loi de la presse, des questions furent adressées aux ministres. On leur demanda si les écrivains politiques seraient soumis au régime des prisons : M. de Serre, garde des sceaux, répondit avec une sorte d'indignation que « penser ainsi c'était faire injure au gouvernement du roi ; qu'il serait odieux de croire que des ministres fussent assez dépourvus de bon sens, de justice et d'humanité, pour traiter des hommes de lettres dont le délit n'était souvent qu'un manque de justesse dans les idées, ou une erreur de l'esprit, comme des vagabonds et des malfaiteurs. Cela s'était vu en 1793, cela ne se verrait jamais sous un ministère royaliste. » On parla même d'un local particulier qui devait être affecté aux détenus pour délits politiques et littéraires.

Il est donc prouvé, 1°. que les auteurs du Code pénal, en distribuant les peines afflictives pour des délits matériels, ne pensaient point aux délits de la presse, ces derniers étant alors inconnus, ou du moins étant punis comme délits politiques. Les coupables, comme je l'ai dit, étaient détenus à part dans les prisons d'état, où ils n'étaient assujettis à aucun opprobre personnel.

2°. Que les députés des deux chambres, en votant les lois de la presse, ne pensaient qu'à la simple détention. Et les magistrats! ne serait-ce pas les offenser que de croire qu'en condamnant un écrivain à quelques mois de détention pour une phrase hasardée et souvent susceptible d'interprétations di-

verses, ils entendent le condamner aux ca-
banons de Bicêtre ou à la gamelle de Poissy ;
qu'ils supposent des fers, l'accouplement
avec des galériens, et des travaux forcés !

Aucun homme de bonne foi ne contes-
tera la vérité de ces raisonnemens, et il faut
que l'administration actuelle conserve tout
l'honneur du traitement qu'éprouvent les
détenus pour délits politiques. C'est elle qui
les confond avec la lie de l'espèce humaine.
Des subterfuges, des apologies seraient
inutiles ; il vaudrait mieux avouer haute-
ment une telle conduite ; on s'épargnerait
du moins la fatigue de l'hypocrisie.

Il existe cependant une société des prisons, un conseil général composé de phi-
lanthropes. Ce qui se passe prouve l'inutilité de ces sortes de sociétés, qui sans doute
sont animées des meilleurs sentimens, mais
qui n'ont point d'action. On s'assemble,
on fait des discours préparés avec soin ,

des rapports dont les bases sont généralement inexactes, et pendant qu'on disserte,
qu'on pérore, la justice s'indigne et l'humanité gémit.

Un homme a plus fait, lui seul, que toutes les sociétés philanthropiques du monde.
Cet homme, c'est l'Anglais Howard qui
volontairement a passé sa vie dans les prisons. Il s'était rendu familier avec toutes
les infortunes pour les soulager. Il recevait
les plaintes comme un messager du ciel,
et les faisait retentir dans le palais des rois.
Rien ne pouvait le décourager, ni les fati-
gues de sa mission, ni l'indifférence du
pouvoir; sa vertueuse importunité surmon-
tait tous les obstacles. Que de malheureux
lui ont dû le repos! que d'innocentes victimes il a sauvées du désespoir! Le besoin
d'être utile à ses semblables multipliait ses
forces; il n'y a pas eu d'obscur cachot de
la Grande-Bretagne qu'il n'ait visité et où

il n'ait fait descendre l'espérance. A la vérité, pour y pénétrer il n'a pas eu besoin d'une permission timbrée qu'il aurait dû payer sept sous par détenu.

Mais ce n'était pas assez pour lui. Howard passe sur le continent. Il parcourt sans bruit, sans faste, toutes les prisons de l'Europe ; on ne le connaît, comme la providence, que par ses actes de bonté. Il donne des conseils aux chefs, des consolations aux captifs, il essuie des larmes, et il est récompensé.

Le premier il a donné l'idée de ces prisons qui, dans l'Angleterre et les États-Unis, reçoivent le vice et la dépravation, et qui les font disparaître par un régime conçu avec sagesse et religieusement exécuté. Combien il serait à désirer qu'on imitât en France de si nobles exemples ! Ne désespérons de rien ; nous avons parmi nous un

homme qui a toutes les vertus de Howard. Qui sait tout ce que pourra faire
M. Alexandre de Laborde?

A. J.

QUATRIÈME CONSOLATION,

DIALOGUE ENTRE LUI ET MOI.

> .... *Suus cuique mos.*
> TÉRENCE.
>
> (Chacun son caractère.)
>
> *O puissans ! j'ai rarement connu votre justice, et j'ai trois fois souffert de votre oppression.*
> (NIZAMI, poëte persan, *Khamsa*, 5ᵉ. fable.)

LUI. —Eh bien ! qu'en dites-vous ? Deux augures à Rome ne pouvaient se rencontrer sans rire ; deux philosophes, deux moralistes, comme vous et moi, qui se trouvent un beau matin à Sainte-Pélagie, ne doivent-ils pas se saluer de la même manière ?

Moi. — Riez tant qu'il vous plaira; je suis d'humeur moins joviale, je vous en préviens, et j'attendrai pour rire que vous m'ayez montré le côté plaisant de cette aventure.

Lui. —Comment! vous ne trouvez pas très-gai, à nos âges, pères et même grands-pères de famille, usant et jouissant d'une réputation de sagesse assez bien établie, pouvant produire au besoin de bons certificats de vie et mœurs ; vous ne trouvez pas excessivement gai de nous voir ce matin en prison, sous les mêmes verrous que des bandits et des vagabonds?

Moi. — Je trouve cela abominable , odieux, et je ne sais point plaisanter avec la morale publique.

Lui. — Prenez-garde, mon cher confrère en prison et en philosophie, qu'il n'entre un peu de personnalité dans votre colère; car enfin nous ne sommes pas ici les seuls honnêtes gens, comme vous le saurez bientôt, et le mal dont vous vous plaignez pour la première fois existe depuis long-temps.

Moi. — Croyez-vous qu'en dix ans on puisse signaler tous les abus, constater toutes les injustices, relever toutes les sottises qui se font, s'établissent ou se perpétuent dans un pays comme le nôtre ? J'ai pour habitude de ne parler que des choses dont j'ai eu l'expérience.

Lui. — Et vous vous plaignez quand on vous la fournit !.... Mais causons de sang-froid; asseyez-vous sur le pied de mon lit, en attendant que j'aie fait venir une seconde chaise, et voyons ensemble s'il n'y aurait pas moyen de tirer quelque parti de notre situation. Nous sommes en prison, voilà un fait; nous n'avons à rougir ni devant les autres, ni devant nous-mêmes, du motif qui nous y conduit ; et si nous savons bien employer le mois que nous avons à passer ici, peut-être pourra-t-il occuper une place honorable dans notre vie. Donnons-nous une tâche à remplir.

Moi. — J'ai déjà partagé l'emploi de mon temps. Je lirai beaucoup : la lecture a un charme particulier dans notre situation ; c'est un état mixte entre la conversation et la réflexion, qui n'a ni la frivolité de l'une, ni la fatigue de l'autre, et qui réunit leurs avantages.

Lui. — Moi, je ferai un petit traité des plaisirs et des avantages de la prison.

Moi. — De grâce, mon ami, ne mettez pas à si bon marché les honneurs de la persécution, vous en dégoûteriez les victimes et vous affaibliriez la haine que l'on doit aux persécuteurs. Moi, je veux écrire sous la dictée d'une philosophie de circonstance ; j'ai déjà formé le plan d'un ouvrage où je peindrai les hommes puissans, comme je les vois de Sainte-Pélagie. L'épigraphe de mon livre est déjà trouvée :

Dis-moi qui tu châties, et je te dirai qui tu es.

Lui. — La même cause produit sur nous des effets bien différens : la prison, qui vous aigrit, ajoute pour moi aux sentimens doux, comme la nuit ajoute au bonheur d'aimer.

Moi. — Je n'ai point une âme aussi stoïque ; j'éprouve le besoin de crier quand je souffre, et j'appelle les hommes et les choses par leur nom. Un cachot est pour moi un tombeau à fleur de terre où l'on ne tient plus au monde que par des souvenirs d'honneur et de vertu ; ces souvenirs m'oppressent; quelle dégradation dans les âmes ! quelle faiblesse dans les cœurs ! le monde social , tel qu'on veut le reconstruire , ne sera bientôt plus qu'un cachot gothique. France ! qu'est devenu ton génie, ta puissance et ta gloire ? En vain tes philosophes et tes héros ont combattu ; en vain Voltaire, comme l'astre du jour, a versé pendant un siècle des torrens de lumière autour de lui. On vend encore des noirs, on trafique encore des blancs ; on fait la traite au Sénégambie, et des traités à Vérone. Le développement des vertus et de l'intelligence humaine est partout arrêté ; les états s'écroulent et se vendent, les rois se perdent, les peuples s'abrutissent : ici des fakirs, là des garnisons autrichiennes ; au midi la censure et la police, à l'orient les visirs, le pal et les muets ; partout des jongleurs, des lacets et des rubans. Je veux faire l'*Histoire de l'Esclavage.*

Lui. — Vous auriez aussitôt fait d'entreprendre l'*Histoire universelle.* Vous n'a-

vez que trente jours devant vous, n'entre-
prenez pas l'ouvrage de vingt ans.

Moi.— Vous avez raison; je veux rétré-
cir mon cadre et c'est d'une tragédie que
je vais m'occuper; j'en ai déjà le sujet, et
j'aurai le temps d'en esquisser quelques
scènes.

Lui. — Quel en est le titre?

Moi. — *Cambyse*, ou *le Juge prévaricateur*.

Lui. — Cette fois vous ne craindrez
pas les applications; grâce au ciel nous vivons dans un temps où l'on ne voit pas de
magistrats prévaricateurs. Mais, si votre
tragédie n'a rien à craindre de la censure,
ce sujet lui-même ne vous offre-t-il pas
un écueil insurmontable?

Moi. — Aucun; c'est un trait d'histoire
pur et simple que je mets sur le théâtre.

Vous avez vu au musée ce tableau hollandais.....

Lui. — Quoi! ce malheureux juge que le féroce Cambyse fait écorcher vif sous ses yeux pour faire recouvrir de sa peau le siége du prévaricateur?

Moi.— Il n'est point de serpent ni de monstre odieux
Qui par l'art imité ne puisse plaire aux yeux.

Lui. — N'en déplaise à Horace et à Boileau, jamais cette maxime poétique n'est applicable à notre théâtre qu'avec beaucoup de restriction; il y a des monstruosités que nous supportons dans le monde réel, et qui nous feraient horreur sur la scène : d'ailleurs, quel serait le but moral ou philosophique d'un pareil ouvrage? de faire abhorrer également une justice inhumaine et une exécrable tyrannie. Je trouve très-bien qu'on punisse les juges prévaricateurs, mais je ne veux pas qu'on les écorche.

Est modus in rebus.

Moi. — En y réfléchissant bien, je pense que vous avez raison ; j'abandonne l'idée de ma tragédie de *Cambyse* : aussi-bien je n'aime pas les récits au théâtre, et je prévois que j'aurais de la peine à mettre mon dénoûment en action. Maintenant, que ferai-je ? car encore faut-il que je fasse quelque chose.

Lui. — Voulez-vous m'en croire, continuons chacun notre métier d'*observateur* et de *glaneur*. Platon suppose qu'on l'enferma dans une caverne sombre qui n'avait qu'une petite ouverture, et que par cette ouverture les ombres des corps qui passaient à l'extérieur venaient se retracer sur la muraille. Nous voilà placés comme Platon supposait l'être ; du sein de notre chambre obscure nous ne verrons, pendant un mois, passer devant nous que des ombres ; traçons sur nos murs des petits tableaux à la silhouette, reportons-les sur notre album, et publions en sortant nos esquisses ; je suis bien trompé si le public ne les accueille pas avec bienveillance.

Moi. — A l'ouvrage ! mon cher, l'idée est excellente, et je vous quitte pour mettre la main à l'œuvre.

E. J.

CINQUIÈME CONSOLATION.

HISTOIRE DE MA CHAMBRE.

Uno avulso, non deficit alter.
VIRGILE.

(Quand l'un manque il est
aussitôt remplacé.)

ON sait depuis long-temps que les murs
ont des oreilles ; j'ai découvert qu'ils ont
aussi des langues et des voix. J'ai interrogé
séparément les quatre murailles entre lesquelles je suis enfermé ; elles m'ont répondu , et c'est de leur récit que j'ai composé
l'histoire de ma chambre , dont voici d'a-
bord la description fidèle. Elle est située

au fond d'un corridor qu'on appelle *rouge*, et qu'on pourrait désigner aussi bien par toute autre couleur, attendu qu'il y règne une douce obscurité qui permet à peine de distinguer le numéro des cellules inscrit au-dessus des portes en chiffres de deux pouces de long. Ma chambre porte le n°. 4; elle a dix pieds de long, sur sept de large et huit de hauteur, en sorte qu'un homme de la plus haute taille peut, comme on voit, s'y tenir et s'y mouvoir en tout sens. Autrefois on mesurait plus étroitement l'air et l'espace aux prisonniers : il est vrai qu'alors on ne connaissait pas les délits de tendance, les délits d'allusions, les délits d'intention, les délits d'insinuation; ainsi tout se balance : et sous ce point de vue, du moins, les progrès du siècle vers un meilleur ordre de choses ne me paraissent pas extrêmement sensibles.

Mais peut-être aussi y a-t-il un peu d'humeur dans mon fait : je me hâte donc d'abandonner cette réflexion, et je rentre dans mon sujet, c'est-à-dire dans ma chambre. Ma fenêtre, quadrillée par d'énormes barreaux, reçoit les premiers rayons du jour naissant, et permet à la vue de se prolonger dans toute la longueur d'une cour plantée d'arbres, où deux classes de détenus jouissent à différentes heures du plaisir de la promenade. Un de mes devanciers a laissé dans la cellule que j'occupe les traces de son passage : le papier-coutil dont les murailles sont encore tapissées, le plafond creusé au centre, pour lui donner la forme de cette espèce de tente que l'on appelle *marquise*, tout annonce qu'un homme de guerre a fait dans cette étroite enceinte une de ces haltes humiliantes qu'un grand général a caractérisées d'une épithète plus énergique.

Comme j'interrogeais minutieusement plusieurs parties de la muraille que le papier décollé laissait à découvert, mon œil s'est

arrêté sur quelques lettres majuscules tra-
cées au crayon, et presque entièrement
effacées. On a du temps à perdre en prison ; je me suis mis en tête de deviner cette
inscription en reformant les lettres à l'aide
des parties de jambages qui subsistaient encore, et en usant du procédé employé par
un savant à Nîmes pour retrouver l'inscription de la Maison Carrée.

Voici la figure exacte que présentaient les
fragmens de caractère que le temps avait
respectés :

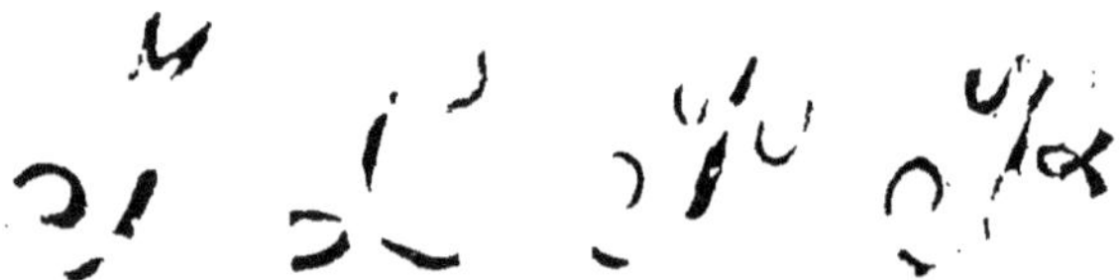

Avant d'avoir réuni par un ligne de
points les deux portions de la première lettre, j'avais reconnu distinctement un J : je
passai une grande demi-heure à combiner
de vingt manières les traits de la seconde

lettre, et après avoir trouvé qu'on pouvait en former également un Z ou une L, je m'en tins à cette dernière lettre comme initiale d'un beaucoup plus grand nombre de noms français. La troisième lettre m'occupa moins long-temps; les deux extrémités, par quelque jambage qu'on les rapprochât, ne pouvaient convenir qu'au P. Quant à la dernière lettre, ce ne fut qu'après deux ou trois heures de tâtonnemens infructueux que j'y trouvai les élémens du B dans l'écriture anglaise.

Ce travail achevé, je me mis en contemplation devant ces quatre lettres reconstruites, en cherchant à les appliquer aux noms de ceux de mes prédécesseurs qui m'étaient connus : aucun ne se prêtait à l'explication que je m'obstinais à y chercher. J'allais renoncer à trouver le mot de cette énigme, quand un de mes jeunes compagnons de captivité entra dans ma chambre; je lui fis part de l'inutilité de mes recherches, en lui montrant le monogramme qui en était l'objet. — « Comment! vous ne devinez pas? me dit-il; rien pourtant n'est plus facile : ces noms sont ceux de la plus aimable et de la plus illustre captive que Sainte-Pélagie ait jamais renfermée : *Joséphine La Pagerie Bonaparte.* »

« Serait-il possible? » m'écriai-je, avec le plus singulier transport de joie. — Rien de plus certain, me dit-il; en 1793 la belle et bonne Joséphine fut enfermée à Sainte-Pélagie, et ce monogramme est une preuve à peu près certaine qu'elle y habita la cellule que vous occupez aujourd'hui. — Une seule objection, répondis-je, détruit de fond en comble une supposition d'ailleurs assez plausible, c'est que l'illustre Joséphine, à l'époque où elle fut mise en prison, ne portait pas encore le nom du héros qui jeta tant d'éclat sur sa vie. Elle fut arrêtée par les hommes de la terreur en 1793, et ne prit le nom de *Bonaparte* qu'en 1797. —

Mais avant, elle portait celui de son premier mari, et ce mari s'appelait *Beauharnais*; ce qui s'accorde tout aussi bien avec le monogramme dont vous cherchez l'explication. »

Cette observation, déjà si concluante, se trouvait fortifiée de la certitude que madame de *Beauharnais* fut en effet retenue plusieurs mois à Sainte - Pélagie dans le corps-de-logis que j'habite; et tous les renseignemens que je suis parvenu à me procurer, toutes les circonstances que je rapproche, ont achevé de me convaincre que ma cellule était consacrée par le doux souvenir de l'auguste et bonne Joséphine. Cett pensée me rajeunit de trente ans, et je me reporte à ces jours de deuil et de fureur où le pouvoir, aux mains d'une faction stupidement féroce, poursuivait au nom de la patrie et de la liberté leurs plus nobles et leurs plus zélés défenseurs.

Je vois, au milieu d'une nuit affreuse, une

jeune femme, plus belle encore de sa frayeur et du simple appareil dans lequel elle a été surprise, amenée sous ces voûtes obscures par quelques forcenés que ses pleurs n'ont pu fléchir. On a refermé sur elle les terribles verrous ; je la vois assise et muette auprès de cette fenêtre où j'écris, et j'éprouve tous les sentimens qui bouleversent son âme. Elle parle, je l'écoute.

« Pourquoi cette prison ?... Femme d'un guerrier patriote, dont l'échafaud vient de payer la gloire et les services, quel crime ai-je commis ? M'a-t-on arrêtée sur la terre étrangère ? Ai-je lié ma destinée aux ennemis du nom français ?... Non, non ; j'avais placé mes douces affections où la patrie avait marqué mes devoirs ;.. et pourtant je suis arrachée mourante du sein de ma famille, et je viens attendre, dans les fers, l'heure d'une mort affreuse qui a déjà sonné pour tant de victimes innocentes ! » Elle pleurait, et ses regards si tendres tombaient avec effroi sur les objets sinistres dont elle était entourée. Insensiblement le trouble de son cœur s'apaise; elle a l'air de prêter l'oreille à une voix intérieure qui la console, et le sourire d'une lointaine espérance vient d'effleurer ses lèvres.

L'aimable captive tire de son sein une espèce de talisman où sont gravés ces mots en caractères hiéroglyphiques : *Tu gémiras, tu souffriras, espère, attends, tu seras reine d'un grand empire.* « Pauvre Anica! s'écria-t-elle, après avoir relu cet oracle, bonne mulâtresse qui m'as nourrie de ton lait, la moitié de ta prédiction est accomplie; mais quelle puissance au monde pourra jamais réaliser l'autre ?... Espérons cependant, attendons : tes pronostics ne m'ont point encore trompée. »

On sait par quelle série d'événemens prodigieux la fortune a pris soin d'accomplir l'oracle de la mulâtresse, et de conduire en quelque sorte par la main l'adorable Créole de la Martinique, de la chambre, n°. 4, à Sainte - Pélagie, sur le premier trône du monde.

On aurait tort de croire qu'un pareil exemple fût capable d'éveiller mon ambition, que je pusse me flatter, en partant du même point, d'arriver un jour au même but que mon illustre devancière : premièrement, on ne m'a jamais prédit que je dusse être roi ; et je dois le dire franchement, pour décourager les peuples qui pourraient songer à moi, c'est un état pour lequel je n'ai pas la moindre vocation.

Depuis 1793 jusqu'en 1815, il est certain que ma chambre n'est pas restée vide ; cependant elle ne m'a redit les noms d'aucun des hôtes qu'elle a reçus ; mais à cette époque si tristement mémorable, elle m'apprend que le 21 avril (je me souviendrai de cette date), un petit homme de moyenne taille, l'œil vif et noir, au teint basané, prit possession, en pinçant ses lèvres minces,

de cette même cellule, n°. 4, dans le corridor rouge. Cet homme était Mina, ce fameux chef de guérillas, qui défendit avec
tant de courage et de persévérance sa noble
patrie contre le vainqueur de l'Europe et
son héroïque armée. A son retour de l'île
d'Elbe, Napoléon, instruit que Mina se
trouvait à Paris, fit arrêter, au sein de la
paix, le guerrier espagnol qui avait si
souvent attristé nos victoires dans le cours
d'une guerre injuste, dont le dernier résultat devait être si fatal à son auteur.

Dans cette retraite où languit un mois le
héros étranger, et pendant laquelle il amas-
sait peut-être la vengeance qu'il a méditée
depuis, il eut le temps de rappeler à son
esprit tant de grands souvenirs auxquels
l'histoire associera son nom : les mots de
Salinas, de *Vittoria*, des *Carrascales*,
qu'il inscrivit sur la muraille, au - dessous
de ceux de *Ocagnia*, *Talavéra*, qu'une
main française y avait tracés sous ses yeux,

forment une réponse tout-à-fait digne de la fierté castillane.

Le général Espoz y Mina avait à Sainte-Pélagie pour compagnon de captivité M. de Torreno, que la cause de la liberté constitutionnelle compte au nombre de ses défenseurs.

La prodigieuse activité de Mina s'arrangeait mal du repos de la prison, et la promenade sur les quatre côtés d'une cour trop peu spacieuse pour un aussi vaste établissement ne lui offrait qu'un insipide exercice : il imagina de transformer en jeu de paume la galerie couverte qui s'étend sur un des côtés du parallélogramme, et l'on y voit encore les peintures dont il a orné la muraille aux deux extrémités de la galerie.

Les terribles événemens du mois de juin 1815 ouvrirent au général Mina les portes de sa prison et non celles de sa patrie : il avait glorieusement combattu pour la cause d'un roi national et constitutionnel ; Ferdinand

rétabli sur son trône et voulant se ressaisir
d'un sceptre absolu, embrassa dans sa disgrâce tous les partisans d'une constitution
qui limitait le pouvoir royal. L'insurrection
qu'on appelait alors à Madrid la révolte
de l'île de Léon ranima les espérances du
héros de la Catalogne; il quitta la France
en 1820 et reparut sur les bords de l'Èbre,
où il est en ce moment un des plus puissans arbitres des destinées de sa patrie.

La cellule que le général étranger Mina
laissait vacante fut quelques jours après
occupée par l'infortuné général français
Bonnaire. Quelle destinée brillante et déplorable ! Un soldat de dix-sept ans sort
d'un village du département de l'Aisne en
1792, et se fraie, l'épée à la main, la route
aux honneurs des camps; de champ de bataille en champ de bataille, Gérard Bonnaire
devient général de brigade, tombe sous un
boulet espagnol dans la campagne de 1813,
et se relève cruellement blessé pour aller

prendre deux ans après le comman dement
de la place de Condé, que lui avait confié
Napoléon pendant les cent jours. Bonnaire
y commandait encore lorsque des soldats de
la garnison frappèrent à mort un officier
français qui venait au nom des alliés pro-
poser à la garnison de se rendre. Un arrêt
de mort fut rendu par un conseil de guerre
contre l'aide-de-camp Miéton, accusé d'a-
voir ordonné cette action déloyale, et le
général Bonnaire, si noblement et si vivement défendu par Chauveau-Lagarde, fut
condamné à la peine infamante de la déportation.

Amené à Sainte-Pélagie après l'affreuse
dégradation qu'il subit au pied de cette
colonne triomphale où la gloire avait inscrit son nom et ses exploits, il ne put
survivre aux douleurs physiques et morales
dont il fut abreuvé, et mourut après deux
mois d'agonie; les mots *honneur et patrie*
sont les derniers qu'il prononça en cher-

chant d'une main défaillante cette étoile des braves qu'il ne trouva plus sur sa poitrine tant de fois sillonnée par le fer ennemi. Ma chambre reçut ses derniers soupirs.

J'ai dit que le premier et le plus récent souvenir que m'avait rappelé ma cellule était celui du militaire qui lui avait donné la forme et l'apparence d'une tente, qu'elle conserve encore. Ce militaire est le colonel Aimé Duvergier, qui avait été condamné à cinq ans de détention comme instigateur ou complice *des troubles du mois de juin.*

J'abandonne au temps et à l'histoire le soin de réviser ces procès d'opinion sur lesquels la justice ne prononce qu'après avoir entendu la politique dans l'intérêt de l'autorité: en pareille cause, un défenseur prisonnier lui-même pourrait avec raison être suspect de partialité.

Je ne vois dans le colonel Duvergier que mon prédécesseur presque immédiat dans le petit local où je suis maintenant confiné. Cet officier avait trente-six ans à l'époque où l'atteignit l'arrêt qui le condamnait à cinq années de réclusion ; ce laps de temps perdu pour toute espèce de gloire lui paraissait bien long; sa première idée fut, en entrant à Sainte-Pélagie, de chercher les moyens d'en sortir ; il y rêvait depuis dix mois, et s'était vu forcé d'abandonner successivement tous les projets d'évasion qu'il avait conçus, lorsqu'une main amie vint à son secours et aplanit les obstacles contre lesquels sa patience et son courage étaient près d'échouer.

Cette entreprise, que j'envisage uniquement sous le point de vue dramatique, fait trop d'honneur au cœur et à l'esprit de celui qui l'a conduite pour qu'il me soit permis d'en passer sous silence les principaux détails.

Un jeune ami du colonel Duvergier, M. Eugène Pradel, était à cette époque retenu pour dettes à Sainte-Pélagie, dans un corps-de-logis entièrement séparé de celui qu'habitent les prisonniers pour délits politiques : les uns et les autres jouissent à des heures différentes du plaisir de la promenade dans un jardin commun, où ils se voient sans pouvoir jamais se rencontrer.

Les prisonniers pour dettes sont traités avec moins de rigueur que les autres, au grand regret de leurs créanciers, espèce d'hommes dont le cœur est plus dur encore que celui des geôliers. Les prisonniers pour dettes communiquent par écrit avec les personnes du dehors; leurs amis, leurs parens peuvent les voir dans leur chambre, à toute heure du jour.

Depuis un mois M. Eugène de Pradel correspondait avec son ami le colonel Duvergier, par des moyens fort ingénieux, sur le projet de son évasion. La veille du jour fixé pour l'exécution, le colonel écrivit à son ami : « Je ne puis me décider à partir sans mon *grenadier* (ce grenadier était le *capitaine Laverderie*); faites-moi savoir, mon cher Eugène, si vous croyez pouvoir nous sauver tous deux, sinon je reste. » Cet incident, qui doublait les difficultés de l'entreprise, ne fit qu'accroître le zèle et le courage de l'amitié.

Le premier obstacle à vaincre était, pour les deux détenus du corridor rouge, de passer du corps-de-logis où ils étaient détenus dans celui qu'habitent les prisonniers pour dettes. Voici comment ils y parvinrent.

Le 25 décembre, jour de Noël, à une heure après midi (c'était celle où les détenus pour dettes venaient alors remplacer au jardin les condamnés de la politique), le colonel Duvergier et le capitaine Laverderié parviennent à se soustraire à la vigilance du gardien, et restent cachés dans le jardin qui s'ouvre aux prisonniers du commerce un moment après que les autres en sont sortis. Au signal convenu ils se glissent dans le bâtiment de *la dette* et vont se réfugier dans la chambre d'un ami commun

(M. Marchebout), où leur ange tutélaire ne
tarde pas à les joindre.

Jusque-là les deux fugitifs n'avaient encore changé que de gardiens et de verrous.
Sur-le-champ on procède à leur déguisement ; les énormes favoris du colonel disparaissent sous le rasoir ; il en recueille avec
soin les débris qu'il renferme dans une lettre
à l'adresse de mademoiselle de.... (quelle
indiscrétion j'allais commettre !) La métamorphose est complète ; les deux prisonniers
sont méconnaissables et peuvent sortir sous
les traits de deux visiteurs supposés, au nom
desquels M. de Pradel s'est procuré les permissions qu'on délivre, en les payant, à la
préfecture de police.

Ces permissions, déposées en entrant par
les visiteurs entre les mains du guichetier
de l'intérieur, leur sont remises à la sortie.
L'embarras était de placer les permissions
des deux personnes qui n'étaient pas entrées au nombre de celles que le gardien

avait reçues, et sans la remise desquelles toute évasion devenait impossible... Eugène, qui depuis quelques jours s'était rendu familier avec les gardiens, moins encore par de petites largesses de vin et de cigares qu'en leur montrant quelques dessins qu'il avait achevés dans sa prison, descend cette fois son album sous le bras, le tire de son étui, et pique si vivement la curiosité du gardien chargé des pétitions, que celui-ci le prie en grâce de lui permettre de parcourir ce recueil : Eugène y consent de fort bonne grâce ; et, tandis que l'argus admire les petits chefs-d'œuvre qui passent sous ses yeux, de son côté M. de Pradel paraît surpris du grand nombre de personnes qui sont venues en visite, et dont cet amas de permissions atteste la présence ; « il s'étonne » que le gardien les laisse ainsi sur la table » au risque d'en égarer quelques-unes ; à sa » place il aurait un portefeuille, ou plutôt » un étui comme celui de cet album..... »

et, en disant cela, il prend les permissions
et les fait couler dans l'étui, où il glisse
en même temps celles des deux inconnus.
Le gardien trouve l'invention parfaite, et
se promet bien de demander un portefeuille
à l'administration, et même de l'acheter à
ses frais si on le lui refuse. Gardez le mien,
lui dit Eugène en lui frappant sur l'épaule
d'une manière très-amicale; le gardien se
confond en remercîmens. Dans cet instant
Duvergier et La Verderie se présentent au
fatal guichet; ils demandent leur permis sous
le nom qu'il indiquait, le gardien les exa-
mine un moment; leur cœur bat, mais aucune émotion ne se trahit sur leur figure :
la permission de chacun est trouvée, on la
leur remet; les trois guichets s'ouvrent; et,
comme le dit si bien M. de Pradel dans son
mémoire, les deux captifs respirent enfin
l'air si doux de la liberté.

Cette action de M. Eugène Pradel n'était
que généreuse, celle qui la couronna est

plus noble et plus rare. L'évasion des deux prisonniers de Sainte-Pélagie, dont l'auteur était ignoré, compromettait le concierge et les gardiens de la prison ; elle pouvait motiver des mesures de rigueur contre ses compagnons de captivité : M. de Pradel se nomma, et trois mois d'une prison plus étroite auxquels il se vit condamné, en satisfaisant à la loi, appelèrent sur lui sans partage l'estime et l'intérêt publics.

L'imagination s'échauffe et s'exalte en prison ; comme toutes les forces comprimées, elle acquiert un plus haut degré d'énergie, s'échappe, et s'élève en raison de la résistance qu'on lui oppose. J'avais passé une journée toute entière avec les quatre prisonniers dont ma chambre m'avait rappelé le souvenir ; depuis plus de deux heures le bruit des verrous et de la triple serrure m'avait averti que, jusqu'au lever du soleil, il n'y avait plus pour moi de communication possible avec aucun être vivant ; ma lampe pâlissait, j'allais me coucher. Qu'on se fasse une idée de la force de l'illusion dont j'étais préoccupé; je crus voir, je vis en effet assis sur le bord de mon lit les personnages qui figurent dans l'histoire de ma chambre : la conversation qui s'établit entre nous trouvera sa place dans le chapitre suivant.

E. J.

SIXIÈME CONSOLATION.

VIVANS ET MORTS [1].

Pour qui connut les misères humaines
Mourir n'est pas le plus grand des malheurs.
Mᶜ. DESHOULIÈRES.

Dialogue.

JOSÉPHINE, MINA [1], BONNAIRE, DUVERGIER,
L'HERMITE.

JOSÉPHINE. — Je ne puis deviner par quel double enchantement je revois le jour, que j'ai perdu depuis plus de huit ans, et comment je me retrouve avec vous, mes-

----

[1] Ce chapitre est livré à l'impression lorsque les nouvelles informations que nous avons prises nous portent à croire que ce n'est point le général Mina

sieurs, dans cette petite chambre où je me souviens d'avoir passé quelques jours affreux au temps de la terreur.

MINA. — Ce miracle n'est peut-être pas aussi grand que celui qui me procure le bonheur de revoir encore une fois votre aimable majesté; car les morts peuvent revenir, quoi qu'en ait pu dire certain orateur; mais que des corps comme ceux du colonel Duvergier et le mien se trouvent à la fois en deux endroits différens, voilà ce qu'on appelle le prodige par excellence.

DUVERGIER. — Ne perdons pas le temps en vaines dissertations pour chercher à comprendre l'incompréhensible; et, puisque nous voilà réunis, contre toute vraisemblance, dans une cellule de la rue de la Clef, par-

commandant en Espagne, mais son neveu, mort en Amérique, qui a été détenu à Sainte-Pélagie : nous respectons la vérité jusque dans nos rêves.

lons un peu de cette chère France, où madame a du moins eu le bonheur de laisser un souvenir adoré.

JOSÉPHINE. — J'ai besoin de cette assurance pour me faire oublier les circonstances affreuses qui ont empoisonné mes derniers momens. J'avais vu précipiter du premier trône du monde l'homme qui m'y avait élevée; j'avais vu la France envahie par l'Europe entière, et des ennemis cent fois vaincus arborer leurs étendards sans gloire au sommet du Panthéon français; pour comble de douleur, mon fils, exilé, n'avait pu recevoir mes derniers soupirs.

BONNAIRE. — L'auguste Joséphine avait été éprouvée quelques années auparavant par un malheur qui a dû lui faire sentir moins vivement le dernier.

JOSÉPHINE. — En me répudiant, l'empereur répudiait sa fortune; j'en avais l'infaillible pressentiment, et cette pensée m'affligeait bien davantage que la perte de la couronne dont il avait orné mon front. J'appréciais dans l'intérêt de la politique, le motif d'un divorce qui brisait nos destinées ; et j'aurais pu, sinon l'approuver, du moins le concevoir s'il eût épousé une Française.

Mina.—Cependant vous eussiez pu croire alors que l'amour avait part à son choix....

Joséphine. — J'aurais été moins certaine de son malheur, et conséquemment moins malheureuse moi-même. Vingt fois j'avais entendu Napoléon s'élever contre ces alliances diplomatiques dont le moindre inconvénient, selon lui, était de *dénationaliser* les rois à la troisième ou quatrième génération. Sa manière de le prouver avait quelque chose de rigoureux et de positif que je n'ai pas oublié. « Je suppose, disait-il, qu'un monarque européen épouse une négresse, le prince héréditaire qui naîtra de ce mariage sera nécessairement un mulâtre ; que ce fils épouse une femme noire, le royal héritier se rapprochera beaucoup de la couleur de sa mère ; et s'il devient à son tour l'époux d'une négresse, il est certain que ses enfans, tout aussi noirs, tout aussi crépus que des naturels de la côte de Guinée, n'auront plus dans les veines qu'une bien faible partie de sang européen, laquelle disparaîtra entièrement dans les générations suivantes. Maintenant, au lieu de négresses, supposez autant d'étrangères amenées successivement dans le lit de vos rois, et dites-moi ce qui doit leur rester de sang national à la huit ou dixième génération. » Cette objection était la moindre de celles qu'il faisait valoir contre les alliances étrangères ; l'histoire à la main, il prouvait qu'elles avaient été presque partout une source de malheurs et de guerres pour les princes et pour les nations. Je rappelai à Napoléon ses propres paroles le jour où son ministre d'odieuse mémoire était venu me préparer au plus grand des sacrifices : « Souvenez-vous, lui dis-je, qu'Henri iv est le seul roi de sa race qui épousa une Française ; encore répudia - t - il Marguerite de Valois pour épouser l'étrangère Marie de Médicis ; songez quelle fut pour lui la suite de ce déplorable hymen. » Je parlai en vain, l'orgueil et la politique avaient dicté l'arrêt ; Napoléon s'unit à l'arrière-petite-fille de Marie - Thérèse : cinq ans après son trône était renversé, des torrens d'ennemis avaient submergé la France, et des monarques étrangers entouraient mon lit funèbre !.... Mais je m'aperçois que je me livre au douloureux plaisir de vous parler de mes chagrins, auxquels la mort a mis du moins un terme, sans connaître ceux qui m'écoutent.

L'Hermite. — C'est à moi de faire les honneurs du modeste logis où vient de me confiner pour un mois la justice, et où le charme de mes souvenirs est parvenu à évoquer votre présence. L'adorable Joséphine a devant elle le général Bonnaire, le colonel Duvergier, le général Mina et l'Hermite de la Chaussée - d'Antin, dont les feuilles ont quelquefois amusé ses loisirs. »

Au nom de Mina, les doux regards de l'impératrice s'étaient arrêtés avec étonnement sur le général espagnol. — Vous à Sainte-Pélagie? lui dit-elle.

Mina.—Comme vous, madame, sous une forme plastique qui n'empêche pas que je ne sois à guerroyer en Catalogne en ce moment. Cette dernière circonstance est encore un prodige, mais celui-là du moins je puis l'expliquer.

Soigneux de ménager l'objet de vos immortelles affections, je ne me plaindrai point du traitement que me fit subir Napoléon à son retour de l'île d'Elbe; je me bornerai à vous dire qu'au milieu de la paix il me fit arrêter à Paris, et conduire à Sainte-Pélagie, où je passai soixante et cinq jours dans cette même chambre.

JOSÉPHINE. — Peut-être Bonaparte se souvint-il avec trop d'amertume de votre conduite pendant la guerre d'Espagne ; il m'a souvent entretenue de votre habileté, de votre valeur dans les combats ; mais, je dois l'avouer, il donnait à votre rigueur envers nos prisonniers, aux moyens d'attaque et de défense dont vous avez trop souvent fait usage, un nom dont gémissait l'humanité.

MINA. — La guerre qu'il nous faisait était injuste ; il l'avait portée, sans aucune provocation, au sein de notre pays, après y avoir fomenté les discordes civiles. Il voulait nous imposer un roi de sa famille, et anéantir nos libertés, sans pouvoir nous offrir en dédommagement l'indépendance et la gloire que la France devait à son génie et à ses armes. Nous combattions pour nos foyers, pour notre existence, pour notre honneur, contre des légions victorieuses commandées par les plus grands capitaines des temps modernes.

Je ne veux point le dissimuler, j'influai d'une manière terrible sur cette terrible guerre : fléau mobile et indomptable, la Catalogne, l'Aragon, la province d'Avala me virent presqu'en même temps sur tous les points porter le ravage et la mort. Le courage parmi nous devait avoir le caractère du désespoir, et les fureurs de la vengeance.

Le nouveau, ou plutôt l'ancien gouvernement français a recueilli la succession d'injustice et de haine que lui a léguée Napoléon. Le bonheur et la liberté dont jouit l'Espagne, sous l'empire d'une constitution que tous les souverains de l'Europe (l'empereur des Français excepté) ont reconnue en 1812, sont devenus un sujet d'alarmes de l'autre côté des Pyrénées ; les Français ont reparu sur les bords de l'Èbre, et j'ai de nouveau ressaisi mes armes pour défendre la liberté espagnole contre les armées étrangères.

Joséphine soupira, et jeta les yeux sur le général Bonnaire dont elle cherchait à se rappeler les traits.

BONNAIRE. — Vous m'avez peu vu, madame ; j'ai passé ma vie dans les camps, et ce général étranger, contre lequel j'ai long-temps combattu, est le seul ici dont je puisse invoquer le témoignage personnel. Je ne suis guère connu dans ma patrie que par mon infortune. Mon sang venait de couler pour la troisième fois sur la terre espagnole, quand la fortune ramena les Bourbons sur le trône de France. L'empereur avait abdiqué, j'envoyai mon adhésion au rétablissement du gouvernement royal après la déclaration de Saint-Ouen : j'étais blessé ; on ne m'employa pas. Le 20 mars de l'année suivante, Napoléon reparut; il crut que je pouvais encore être utile pour la défense d'une place de guerre, il me confia le commandement de celle de Condé. Je me trouvais dans cette place au mois de juin 1815, lorsqu'un officier français, envoyé en parlementaire de la part des alliés, fut tué par quelques soldats de la garnison, avant que j'eusse pu avoir connaissance du danger qu'il courait. Traduit devant un conseil de guerre, je fus condamné à la peine infamante de la déportation; je ne devais en subir que la plus épouvantable partie. Je me vis, sans mourir à l'heure même, conduit au pied de la colonne d'Austerlitz. « A genoux, » me criait une voix étrangère; « Hélas, répondis-je, je ne le puis; le fer ennemi a brisé l'articulation de ces genoux que vous voulez me faire fléchir. » A l'instant une main féroce me contraignit, au milieu des plus vives douleurs, à prendre l'attitude des supplians. Je subis l'infamie publique de la dégradation. Le coup mortel était porté; on me transporta dans cette prison, dans cette chambre, à cette même place où je me trouve; quelques semaines après je n'existais plus.

A ce récit Joséphine laissa couler les larmes qu'elle s'efforçait en vain de retenir.

DUVERGIER. — Comment pourrais-je me plaindre en présence d'une si noble infortune! qu'il me soit seulement permis de me justifier à vos yeux de l'exil où je me suis vu forcé. Après avoir servi mon pays avec honneur, et dans l'âge de le servir encore, je me consolais de la perte de notre gloire, dans l'espérance de cette liberté civile et politique dont la charte royale nous garantit l'inappréciable bienfait. Les droits de la nation y sont reconnus et consacrés; mais il faut bien convenir, même à Sainte-Pélagie, que les cinq ou six ministères qui se sont succédé en France depuis huit ans, ne nous en ont pas encore permis une entière jouissance. Au mois de juin 1820, la foule ardente et patriotique des jeunes gens qui peuplaient alors les écoles de Médecine et de Droit, se réunirent plusieurs jours de suite autour de la Chambre des Députés pour y protéger quelques membres de l'opposition constitutionnelle contre les insultes dont ils avaient été l'objet. Le hasard me conduisit et me retint dans une de ces réunions malheureuses dont le cri de *vive la Charte !* était le seul mot de ralliement. On crut nécessaire d'employer la force armée pour dissiper ces groupes de jeunes gens sans armes ; je fus arrêté au milieu d'eux, jugé et condamné à cinq ans de détention à Sainte-Pélagie. Cet arrêt me parut trop sévère : un ami résolut de commuer ma peine, et me procura les moyens d'abréger le temps de ma détention ; j'ai pris la fuite, et dans l'exil où je suis forcé de vivre, je prie les dieux, comme Thémistocle, de donner à ma patrie beaucoup de citoyens qui vaillent mieux que moi....

Comme il parlait encore ma lampe s'éteignit, le charme disparut, je me couchai, je m'endormis, et je ne fis que changer de rêve.

E. J.

N°. VII. — 26 *avril* 1823.

SEPTIÈME CONSOLATION.

LES RESSOURCES DE LA PRISON.

Qui uti scit ci bona.
TÉRENCE.

(Ce sont des biens pour
qui sait en user.)

IL faut avoir l'esprit bien fait pour appré-
cier les avantages de la prison. A ce seul
mot l'imagination s'emporte ; elle ne voit
que des verrous, des grilles, des gardiens
aux regards farouches ; elle n'entend que
des gémissemens et des soupirs. Un homme
sage ne se laisse point surprendre par ces
images sinistres ; il veut connaître avant de
juger.

J'ai une cellule étroite ; je la parcours en deux pas : je ne pourrais y recevoir une nombreuse compagnie ; mais ma famille s'y réunit, un ami peut y tenir. Socrate ne désirait pas un logis plus vaste ; pourquoi serais-je plus difficile que Socrate ? Napoléon est passé du somptueux palais des rois dans la misérable cabane de Longwood. Mais la fortune, qui l'avait précipité du faîte des humaines grandeurs, n'avait point de prise sur son âme. Elle était encore sur le trône et régnait dans la captivité. Qu'avait-il perdu ? des trésors, des lambris dorés, des courtisans, des flatteurs. Rien de tout cela ne lui appartenait en propre. On en trouve au Mogol comme à Paris ; mais il se restait à lui-même, il n'avait abdiqué ni son génie, ni sa gloire ; il était Napoléon à Longwood comme ailleurs.

On nous renferme tous les soirs ; on nous sépare ainsi du monde entier. Cela n'at-il pas quelque chose d'effrayant ? — J'avoue que, dans les premiers jours, cette cérémonie m'a déplu; le bruit assourdissant des verrous résonnait désagréablement à mes oreilles. Mais je m'y suis accoutumé. J'ai réfléchi que je me renfermais moi-même le soir dans mon logis, sans éprouver aucune émotion; et qu'après tout, le mode de clôture était en lui-même assez indifférent. J'ai donc pris mon parti en homme raisonnable; lorsque j'entends le fracas périodique de mon guichetier, je pense à la sollicitude de ce pauvre homme qui me tient sous clef comme quelque chose de bien précieux. Il faut qu'il veille sur ses prisonniers, qu'il soit sur le qui-vive, qu'il ait toujours l'oreille au guet. Ne suis-je pas plus libre que cet homme-là?

Vous insistez; vous me dites : on vous a enfermé dans la même prison avec des malfaiteurs, avec des hommes dégradés par le vice. Vous devez rougir de vous trouver avec de pareilles gens. Que répondrez-vous à cela ?

Je réponds, sans hésiter, que si j'avais à rougir ce serait pour ceux qui confondent ce qui devrait être séparé ; je rougirais pour un pays civilisé, où des hommes dépourvus de tout sentiment humain se déshonoreraient eux-mêmes en usant de leur pouvoir d'un jour comme d'un instrument de haine et de vengeance : misérables qui n'ont que des joies féroces et des plaisirs de tigre !

Mais moi personnellement, qu'ai-je à voir dans cette affaire ? Irai-je répondre de l'ineptie et de la brutalité qui me sont étrangères ? Non, ma responsabilité ne s'étend pas jusques-là. Tant que la vie d'un homme est pure, que sa conscience est sans reproche, rien ne peut le forcer à rougir ; la honte n'est que pour les méchans, là est le terme de leur pouvoir ; la honte est un supplice qu'ils ne peuvent ni infliger ni éviter.

Que sont, après tout, ces malheureux
que je vois errer sous mes fenêtres couverts
des livrées de la misère? ce sont des hommes ignorans qu'une société mal organisée a
abandonnés à leur dépravation : nul doute
que plusieurs d'entre eux ne fussent nés
avec de bonnes inclinations; mais le souffle
aride du besoin en a flétri le germe et a
desséché leur âme; placés entre toutes les
nécessités de la vie, ils ont voulu échapper
à leur destinée, et ils sont tombés dans le
vice. Combien me semblent plus coupables
tant de gens qui font un si grand bruit dans
le monde, et qui ne sont parvenus aux ri-
chesses, souvent même aux honneurs, qu'à
force de bassesses et de crimes! Leur raison
a été cultivée, ils sont assez éclairés pour
se connaître eux-mêmes; mais leur infamie
est opulente, leur opprobre est couvert de
pourpre; le vulgaire, ébloui, regarde stupidement et salue; l'honnête homme détourne la vue et méprise.

Le monde n'est-il pas une prison? Il est vrai qu'elle est plus vaste que celle de Sainte-Pélagie; mais dans l'une comme dans l'autre se trouvent de mauvais sujets, des hommes vicieux, des caractères dépravés et quelques gens estimables. Faudrait-il regarder comme une chose honteuse de vivre dans le monde avec les êtres corrompus qui s'y multiplient sous vos yeux, de respirer le même air, d'être réchauffé par le même soleil, et souvent d'habiter sous le même toit? Je suis condamné à séjourner un mois dans ma petite prison; j'ai peut-être quelques années encore à passer dans la grande : voilà toute la différence.

On croit généralement qu'une prison est un lieu d'ennui : cela peut être pour des personnes dont l'existence est enchaînée aux objets purement matériels, qui sont opprimés par le temps et l'espace; mais l'homme dont l'esprit n'est pas sans culture, qui peut franchir sur les ailes de la pensée l'étroite enceinte où il est placé, n'éprouve d'ennui nulle part. Lorsqu'on le croit absorbé par la peine, il est absent de sa prison. L'imagination, magicienne incomparable, le frappe de sa baguette aérienne, et le fait vivre en d'autres temps, en d'autres lieux. Une foule d'images charmantes s'offrent à sa vue, mille doux souvenirs font palpiter son cœur.

Voulez-vous revenir aux choses positives, vous trouverez encore dans votre demeure assez de sujets d'attention et de méditation. J'ai dit que le monde était une vaste prison ; Sainte-Pélagie est un petit monde. Des caractères divers s'y développent, et vous donnent le plaisir de l'investigation. On y peut étudier à loisir le cœur humain. J'ai, par exemple, pour voisin un notable vigneron de Vanvres, qui est très-bon à observer : le père Blin, c'est le nom de mon personnage, taille la vigne en maître, et chante au lutrin en perfection. Sa renommée a parcouru toute l'étendue de l'arron-

dissement de Sceaux, et il porte dans son
air et ses manières la conscience de son mérite. Il est propriétaire de quatre ou cinq
arpens de vigne qu'il cultive lui-même, et
qui l'ont élevé à la dignité d'électeur. Il a
près de soixante ans, et il est parvenu à cet
âge sans avoir jamais eu de mauvaises affaires. Comment se fait-il qu'il soit en prison?

En sa qualité de chantre, mon voisin a
une estime particulière pour la bouteille;
il ne vend pas toutes les feuillettes de sa
récolte, et il m'a souvent assuré que dans
les occasions solennelles « *il ne manquait
jamais de se mettre en train.* » C'est le bel
esprit de l'endroit; on cite ses saillies jusque
dans les cabarets de Vaugirard. Son caractère est jovial, la jeunesse l'aime; il n'y a
point de bonne fête sans lui.

Un jour, un malheureux jour, c'était
pourtant le mardi-gras, le père Blin a ouvert sa cave; il trinque paisiblement avec
d'autres vignerons ses amis, lorsqu'on lui

annonce que des querelles ont troublé la paix publique, et que, pour prévenir un pareil scandale, M. Jouanin, maire de Vanvres, vient de faire suspendre la fête du village, de proscrire la musique champêtre, et d'opposer son redoutable *veto* à la loi immémoriale du pays qui veut qu'on danse à Vanvres le mardi-gras. Blin, s'il eût été sage, aurait obéi aux ordres du pouvoir; mais son sang était allumé, son imagination échauffée. La nouvelle qu'il reçoit le transporte d'indignation. « Ne pas danser le mardi-gras! cela ne » s'est jamais vu, cela ne se verra pas, dit-il, » en se levant soudain : suivez-moi, mes » amis, je danserai, nous danserons. »

Le père Blin exécute ce projet audacieux. Il se rend au salon préparé pour le bal : danseurs, danseuses, tout le monde l'entoure. « Que faut-il faire? » s'écrie-t-on de toutes parts, en s'adressant au Nestor des vignerons. « Danser, mes amis, répondit-il d'une voix retentissante, danser! — Mais l'ordre de M. Jouanin ! » Ici le père Blin se permit une réplique un peu trop leste, et faite pour irriter vivement un maire de village. Elle est ce que les Anglais appellent d'une indélicatesse extrême, et je ne saurais la transcrire.

Cependant la musique dispersée se rassemble sous de nouveaux auspices. Mon Blin, pour donner l'exemple et rappeler la joie exilée, s'empare d'une danseuse. On l'imite, le signal est donné, tout se met en mouvement. Mais le vigilant M. Jouanin, dont l'autorité se trouve compromise, n'était pas éloigné; il arrive bientôt avec la force armée et demande où sont les auteurs de ce bal séditieux. Tout se découvre, le père Blin, au milieu de son triomphe, est empoigné par les gendarmes; on rédige un procès verbal de prise en flagrant délit; le père Blin est traduit devant le tribunal de police correctionnelle avec deux des plus fougueux danseurs; ils sont condamnés à un mois de prison : les voilà à Sainte-Pélagie.

Ce que je viens de dire est d'une parfaite exactitude ; tout Vanvres en rendra témoignage. Historien plein de conscience, j'ai plus d'une fois engagé le père Blin à me conter sa tragique aventure, et il n'a varié sur aucune circonstance. Je voudrais que nos historiographes eussent autant de respect pour la vérité.

On sera peut-être curieux de savoir comment mon héros se conduit à Sainte-Pélagie. Dans les premiers jours, il paraissait soucieux, il pensait à ses vignes qui souffraient de son absence ; il regrettait sa femme, excellente ménagère, dont les touchantes supplications n'avaient pu amollir le cœur de M. Jouanin ; il parlait de son fils qu'il avait eu l'ambition de lancer dans le monde, et qui, plus sage que lui, se borne à cultiver la vigne héréditaire. Il pensait aussi avec attendrissement à ce lutrin de Vanvres auquel il attachait toute sa gloire, et qui avait

si souvent frémi de ses puissantes intona-
tions.

Ces pensées mélancoliques se dissipèrent
par degré; de fréquentes visites à la can-
tine charmaient sa tritesse, et il avait repris sa bonne humeur lorsque la Cour
royale me prescrivit, comme un régime salutaire , de passer un mois à Sainte-Pélagie.

C'est là que j'ai eu le plaisir d'étudier à
fond le père Blin. J'ai remarqué que les caractères se montrent plus à découvert en
prison qu'ailleurs. On s'y donne rarement
la peine de prendre un masque. Chacun y
paraît en relief avec ses bonnes et ses mauvaises qualités. C'est donc un avantage pour un
moraliste d'être en prison lorsqu'il se plaît
à faire des études sur l'humanité.

Le fond du caractère de Blin est la vanité; elle perce dans tous ses entretiens. Il
ne m'a pas laissé ignorer qu'il occupait un

rang distingué parmi les vignerons de son endroit, et que son *avoir*, pour me servir de ses expressions, pouvait bien s'élever à quarante mille francs; il est vain de sa femme, qui appartient par sa naissance aux Boutilliers ou Boutiliers de Meudon; j'écris le nom de cette famille de deux manières de peur de m'exposer à un procès aussi important que celui qui a conduit devant les tribunaux les descendans de la maison de Croi et celle de Croui. La maison des Boutilliers ou Boutiliers tire son origine d'un riche pâtissier que la fortune, dans un moment de complaisance, conduisit, par la main, d'une échoppe de la rue St.-Denis à l'honorable fabrique des marguilliers de Meudon. Je ne suis pas étonné que le père Blin soit fier d'une telle alliance. Il est encore vain de son fils dont il a soigné l'éducation, et qui pourrait écrire tout comme un autre s'il lui en prenait fantaisie. Enfin, il est orgueilleux de sa basse-taille, qui depuis quarante ans fait l'admiration de la paroisse.

Cet orgueil de chantre lui a valu un petit échec qui l'a piqué au vif, et dont il gardera un long souvenir. On célèbre tous les dimanches, dans la chapelle de la prison, une messe à laquelle assistent la plupart des détenus. C'était précisément un samedi que Blin était entré à Sainte-Pélagie. Le lendemain de son arrivée il se rend comme les autres à la chapelle, et au moment du *Credo*, se croyant encore à Vanvres, il ouvre une bouche immense, et lance brusquement au dehors sa voix de tonnerre. Ce bruit épouvantable fit tressaillir tout l'auditoire. Un de ses voisins se hâta de lui appliquer les deux mains sur la bouche et de lui imposer silence. On lui signifia qu'il était défendu aux prisonniers de chanter à la messe de Sainte-Pélagie. Le père Blin ne parle de cet événement qu'avec une profonde amer-

tume. « Quel affront, me disait-il un jour,
» pour un chantre de ma force et de mon
» expérience! Il faut que ces gens-là n'aient
» point d'oreilles. »

Au demeurant le père Blin est le meilleur homme du monde. Il n'a jamais eu de
querelle avec personne; son humeur paci-
fique, sa gaîté, son esprit goguenard, et
son vin, l'ont rendu cher à tous les habitans de son village. Si jamais vous allez à
Vanvres, et que le hasard vous fasse rencontrer un homme d'une taille au-dessus de
la moyenne, les cuisses et les jambes effilées,
la démarche un peu guindée comme celle
d'un recteur d'académie; la bouche quelque
peu de travers, le nez rouge, le visage couleur de lie de vin, une tête pointue, couverte d'un bonnet de soie noire; gonflant
quelquefois les joues en homme qui n'est
pas mécontent de lui-même, comme j'ai eu
le plaisir de le voir faire à M. Lacretelle
l'historien; vous pourrez dire avec assu-

rance : voilà le père Blin, qui a subi un mois de prison à Sainte-Pélagie pour avoir voulu danser le mardi-gras.

A. J.

HUITIÈME CONSOLATION.

LA LIBERTÉ.

Il n'est point de misères attachées à
la condition humaine qui ne soient
accompagnées de ces consolations
qui, en les adoucissant, en prouvent
la nécessité.   -   NICOLE.

O slavery! slavery! disguise thyself
as thou wilt, thou a bitter thing.
STERNE.

(Servitude, servitude, déguise-toi
comme tu voudras, tu es une chose
amère.)

QUAND je pense que la plus grande moitié du monde est plongée dans un affreux
esclavage, qu'en Europe seulement deux ou
trois cent mille hommes, au moment où
j'écris, achèvent de mourir au fond des ca-

chots, je me crois libre à Sainte-Pélagie, et les réflexions où mon esprit s'abandonne ne naissent point d'un pénible retour sur moi-même.

Hier soir, assis près de ma fenêtre, qu'a-vec un peu plus de mauvaise humeur j'appellerais mon soupirail, je voyais s'éteindre les dernières clartés du jour, et je regardais à travers mes barreaux ce ciel dont je ne découvre plus qu'une si petite partie. Les juges ont beau faire, on n'enchaîne point la pensée; la mienne avait pris son essor, et parcourant, comme dit Milton, *la concavité de ce dôme aérien*, en un moment ramena près de moi des hommes de tous les pays et de toutes les couleurs, qu'elle rapetissa, comme les diables de Milton, pour les faire entrer dans mon étroit Pandemonium.

A mesure qu'ils se présentaient, je rangeais le long de mes quatre murailles, sans égard à la couleur de leur épiderme, des

Caffres, des Italiens, des Tartares, des Turcs, des Brésiliens, des Grecs, des Patagons, des Persans; et passant ensuite la revue du genre humain dans la personne de ses représentans, je fis à chacun la même question : ÊTES-VOUS LIBRE ?

— Très - libre, me répondit l'Italien, pourvu que je me rende chaque jour *alla Madona ;* que je ne fasse œuvre de mes dix doigts, pour nourrir ma famille, les dimanches et les jours de fêtes, c'est-à-dire un grand tiers de l'année; et que je n'entre point chez moi quand je trouve à la porte les sandales du père Carreretto.

— Je suis bien plus libre, me dit un homme coiffé d'un turban, car je puis insulter un Franc ou tuer un Grec lorsque la fantaisie m'en prend, et choisir entre le cordon et le cimeterre quand Sa Hautesse a besoin de ma tête pour orner les murs du sérail.

— Il n'y a de liberté, interrompit un habitant du Thibet, qu'aux lieux où règne le Daïly-Lama; jamais de révolution dans mon pays, jamais de guerre de succession, attendu que, par la grâce de Bouda, nous avons un roi qui ne meurt jamais, et dont les bonzes exercent la puissance de la manière du monde la plus paternelle; pourvu que nous versions exactement les quatre cinquièmes de notre revenu dans la caisse du couvent ministériel; que nous enrôlions tous nos enfans mâles parvenus à l'âge de seize ans, dans l'armée permanente que les bonzes régnans entretiennent sur les frontières du Mogol et de la Chine; pourvu que nous recevions avec un profond respect, et que nous jurions de mourir pour conserver la décoration du sachet lorsque le grand Lama veut bien nous en décorer; pourvu que nous travaillions trois jours par semaine au profit de l'immortel, c'est-à-dire des cinq cents ministres à longue barbe qui le représentent; pourvu que nous ne mangions la chair d'aucun animal ruminant, et que nous nous rendions trois fois par jour à la grande pagode, nous sommes libres comme l'air, et nous sommes sûrs, après notre mort, de passer dans le corps d'une vache, ou tout au moins dans celui d'une chèvre.

— Quelle liberté! s'écria un habitant du nord de l'Europe; parlez-moi de celle dont nous jouissons sur les bords de la Sprée. Revêtus de l'uniforme en sortant du maillot, aucun peuple ne peut se vanter de faire aussi bien l'exercice. Dans ces derniers temps notre jeunesse, un peu trop fortement imbue des préjugés de l'école, s'est avisée de croire qu'il y avait une autre industrie que celle de manier le mousquet, une autre liberté que celle de tuer ou de se faire tuer pour transformer un marquisat en royaume, et qu'après tout l'homme pouvait bien avoir une autre destination sur la terre que celle de marcher au pas et d'exécuter la charge en douze temps ; mais cette révolte imberbe n'a pas eu de suite, et nous sommes toujours le peuple le plus libre , c'est-à-dire le mieux discipliné de l'Europe.

— Si par liberté vous entendez l'obéissance passive, interrompit un Chinois, nous sommes en droit, je pense, de nous proclamer le peuple le plus libre de la terre. Confucius a dit qu'il n'y avait pas de liberté là où il n'y avait pas de lois ; or, nous avons plus de lois que toutes les nations ensemble ; nous avons des mandarins sans nombre pour les faire exécuter : donc il y a plus de liberté chez nous que partout ailleurs.

L'excès de la population pouvait devenir un embarras pour notre gouvernement paternel, nous sommes libres d'exposer nos enfans sur les bords du fleuve Jaune.

Nos femmes ont les passions vives , et s'accommoderaient assez mal de la vie sédentaire à laquelle nos lois et le soin de notre honneur les contraignent; nous sommes libres de lier les pieds de nos filles , dans leur enfance , de manière à leur en ôter l'usage à l'âge où elles pourraient en faire abus.

Notre grand roi Fo-Hi a défini la liberté l'ordre joint à la politesse , et c'est par-là que se distingue la nation chinoise. Quel étranger n'est pas frappé d'admiration en traversant les rues et les marchés de Kanton et de Pékin, au milieu d'une foule immense distribuée sur deux files qui marchent gravement en sens contraire , sans qu'aucun bruit , aucun embarras signalent leur passage. Si par hasard quelque étourdi dérange un si bel ordre, le mandarin de police, escorté de ses quatre bourreaux , est toujours là pour faire justice. Amené devant le juge ambulant qui s'accroupit dans la rue , sur un coussin qu'on porte derrière lui , le délinquant est dépouillé jusqu'à la ceinture et reçoit sur les épaules autant de dizaines de

coups de chambouc que le magistrat lève de
doigts pendant l'exécution. Le patient se
rhabille, salue le porte-chambouc, baise la
main du mandarin de police, et se retire.
Tout cela se passe, de part et d'autre, avec
une politesse, un calme qu'on ne saurait
trop admirer.

— Tais-toi, vil esclave, s'écria un Maratte
en brandissant sa sagaie; c'est bien à toi,
peuple conquis par quelques hordes de
Tartares, qui ne sais te défendre qu'en
élevant des murailles, et que l'on gouverne
avec le bâton, qu'il convient d'élever la
voix quand il est question de liberté! Les
hommes libres sont ceux qui choisissent
leurs chefs, qui font trembler leurs voisins, qui ne connaissent de lois que celles
de la nature, la force et le courage; les
hommes libres ce sont les plus hardis pi-
rates et les meilleurs cavaliers du monde;
ce sont les Marattes : il est vrai que notre
Pesha a le droit de vie et de mort sur la

nation entière ; mais cet excellent prince n'en use jamais, et s'est contenté jusqu'ici de louer une partie de ses sujets, sur le pied d'une roupie par tête, à nos amis les Anglais qui ont la prétention d'être encore plus libres que nous.

— Puisque cette espèce d'hommes, interrompit dédaigneusement l'insulaire européen, a eu l'insolence de parler du peuple anglais, à propos de nos stipendiaires du golfe Persique, je veux bien prendre la peine de prouver ici non-seulement qu'il n'y a de liberté que dans les trois royaumes, mais qu'il ne peut y en avoir ailleurs, car tel est notre bon plaisir. Personne ne niera, j'espère, que la liberté moderne n'ait pris naissance dans notre île, et que le titre de *majesté* donné au peuple anglais par lord Chatam ne soit la conséquence de sa souveraineté proclamée d'un bout du monde à l'autre par la victoire. Si nous avons conservé à notre chef le nom de roi, qui déplaisait tant aux Romains, nous avons su limiter sa puissance par des lois dont il est le premier sujet : nous vivons sous l'empire d'un gouvernement représentatif dont la force résulte d'une sage balance des trois pouvoirs qui le constituent, et nous jouissons avec un trop juste orgueil de la liberté que nous avons conquise, pour permettre qu'aucune autre nation entre en partage d'un pareil bienfait.

On m'objectera peut-être des faits qui démentent chaque jour des droits dont nous sommes si fiers ; on me demandera ce que c'est que la liberté dans un pays où deux ou trois familles se sont rendues maîtresses du gouvernement, où se sont réfugiés tous les préjugés, tous les abus de l'aristocratie, où la souveraineté du peuple se borne aux saturnales des *hustings*, où le citoyen qui se promène au bord de la Tamise peut être *pressé* par quelques matelots ivres, et, sur l'ordre d'un agent subalterne de l'amirauté, embarqué sur un vaisseau qui le transporte à l'autre extrémité du monde au cri de *Rule Britannia.*

On me demandera ce que c'est que la liberté dans un pays où la loi d'*habeas corpus* n'empêche pas qu'on ne soit jeté en prison pour une dette de cinq schellings, à la première demande d'un créancier auquel vous serez libre en sortant de prouver qu'il ne lui en est dû que trois. On me fera peut-être une foule de questions de cette nature. Au lieu d'y répondre, je dirai que nous sommes libres, nous autres Anglais, d'assommer un candidat ministériel, de boxer dans la rue avec un pair d'Angleterre, de vendre nos femmes au marché, et de casser les glaces de la voiture du roi allant au parlement.

Je ne crus pas pouvoir me dispenser de prendre la parole après ce représentant de sa majesté bretonne. N'en déplaise au *gentleman*, dis-je en élevant la voix, s'il est vrai que la liberté soit le fruit de la plus haute civilisation, des plus anciens souvenirs, et de la gloire la plus élevée à laquelle aucun peuple ait jamais atteint. la France doit en être la terre classique.

C'est la liberté qui présidait il y a trois mille ans à la fédération des républiques gauloises, et qui consacrait la *pierre du serment* autour de laquelle se réunissaient leurs députés : c'est elle qui présidait aux assemblées du champ de mai. et qui élevait le pavois où le plus brave était porté. *consensu populi*. Quelques siècles du régime féodal l'avaient exilée du sol français ; mais la philosophie et la victoire ont ramené la liberté dans sa patrie : elle y règne sous l'empire d'une charte constitutionnelle où les devoirs du prince sont dictés. où ses droits et ceux du peuple sont garantis : parmi nous les hommes sont parfaitement égaux devant la loi, les impôts sont également répartis, les ministres sont responsa-

bles, le pouvoir judiciaire est indépendant,
les juges sont inamovibles, et tout citoyen
qui aime son pays, qui contribue à sa pro-
spérité par quelque industrie ou quelque
talent, qui l'honore par quelque vertu, vit
heureux, libre et considéré sous la protection des lois.... A ces mots un grand éclat
de rire partit de tous les coins de ma chambre; mes hôtes disparurent tous, et leurs
voix réunies répétaient, en se perdant dans
les airs : IL EST A SAINTE-PÉLAGIE !

E. J.

NEUVIÈME CONSOLATION.

LE STOÏCISME.

> L'homme est un être ondoyant et
> divers.　　　MONTAIGNE.

DEPUIS que je suis à Sainte-Pélagie, je lis beaucoup les écrivains philosophes. J'ai cherché à faire connaissance avec les sectes diverses qui, depuis Pythagore jusqu'à M. Azaïs, ont partagé l'esprit humain. Je me suis surtout occupé de la partie morale, qui me paraît la plus essentielle dans la position où je suis. Je ne serais pas fâché de savoir au juste si le monde est éternel, ou s'il a eu un commencement ; de connaître le véritable principe du mouvement, ce qui m'a fait quelquefois rêver ; de pouvoir expliquer avec clarté en vertu de quelles lois les végétaux croissent autour de moi, les animaux agissent, et l'homme disserte et raisonne. M. Azaïs me le dirait bien si je voulais l'entendre. Mais ce serait peine perdue, mon intelligence n'irait pas jusque-là. Il faut donc que je me contente de ce qui est à ma portée. Je sais positivement que j'existe dans un pays qui se nomme la France, sous un gouvernement dit *constitutionnel*, que j'ai écrit une phrase dans laquelle M. de Broë a trouvé des choses affreuses, et que je suis en prison.

Ce qui m'importe, c'est donc de savoir comment il faut me conduire dans une telle position. Les philosophes moralistes peuvent seuls satisfaire ma curiosité à cet égard ; aussi je les ai interrogés à diverses reprises dans le loisir de ma cellule, et j'ai mûrement examiné leurs systèmes; je n'en ai trouvé que deux qui valussent la peine de fixer mon attention, et j'ai quelque temps balancé entre la secte d'Épicure et celle des stoïciens.

J'ai d'abord admis avec Épicure, comme principe fondamental de mon système, que la volupté était le souverain bien. Cette maxime m'a paru raisonnable au premier coup d'œil; mais quand j'ai voulu l'examiner de près, j'ai vu que ce n'était qu'une chimère. Un précepte qui n'est pas applicable à toutes les circonstances de la vie ne peut servir de règle. Comment ferais-je, par exemple, pour avoir de la volupté à Sainte-Pélagie? J'aurais beau me tourmenter de cent manières, je n'en viendrais pas à bout. La vue des grilles, l'aspect des geôliers mettrait en fuite toute la volée des Jeux et des Ris. Il faut que je prenne mon parti là-dessus, je renonce à la volupté.

Cependant je veux avoir de bonnes raisons

pour n'être pas malheureux dans quelque situation de la vie où le sort puisse me jeter. J'ai trouvé ce que je cherchais, je me suis fait stoïcien. Vous voyez en moi un vrai disciple de Zénon. Je brave maintenant l'injustice et la persécution, je dédaigne la calomnie ; me voilà cuirassé contre tous les coups de la fortune. Je prétends même qu'on le sache, afin que si l'on veut encore se donner la peine ou le plaisir de m'envoyer en prison, il soit bien avéré que je n'en ressentirai aucune douleur.

Ce qu'il y a de bon avec le stoïcisme, c'est qu'il ne vous abandonne jamais et se trouve toujours à votre portée au moment où vous en avez besoin. J'éprouve un grand revers de fortune ; des biens que j'avais laborieusement acquis me sont enlevés. Vous croyez que je vais me courroucer contre la destinée, prendre à partie le ciel et les hommes, éclater en plaintes et en gémissemens ;

cela serait bon pour le vulgaire : quant à moi, je dis tout simplement avec Zénon : « Il ne dépend pas de toi d'être riche, mais » il dépend de toi d'être heureux. Les ri- » chesses mêmes ne sont pas toujours un » bien, et certainement elles sont toujours » de peu de durée; mais le bonheur qui » vient de la sagesse dure toujours. »

Pour bien comprendre cette consolation, il faut savoir ce que c'est que le sage des stoïciens. C'est un homme qui n'a ni désirs ni craintes, et qui, pour me servir du terme de l'école, a mis son âme en liberté. Le ciel tomberait sur lui, comme dit Horace, qu'il n'en serait pas plus ému que s'il recevait sur la tête une pluie de roses. Il n'existe au dehors que par accident, il est tout en lui-même. La sagesse qu'il s'est faite lui suffit pour toutes les occasions; il est tou- jours heureux par ce qu'il est toujours vertueux. Un stoïcien enchaîné comme M. Magallon à un forçat galeux, exposé

comme lui au supplice de l'exposition publique dans tous les quartiers de Paris, forcé d'aller à pied à Poissy et d'y faire le métier de chapelier, aurait bien trompé l'espérance de ceux qui l'auraient ainsi traité. Il
aurait considéré tout cela comme une mauvaise plaisanterie. Je suppose que c'eût été
Arien ou Simplicius. Il se serait ainsi rai-
sonné lui-même. « L'esclavage du corps,
» c'est l'ouvrage de la fortune ; et l'escla-
» vage de l'âme, c'est l'ouvrage du vice.
» Celui qui a la liberté du corps, s'il a
» l'âme liée et garrottée, est esclave ; et ce-
» lui qui a l'âme libre a beau être chargé
» de chaînes, il jouit d'une pleine liberté [1]. »

J'ignore si j'arriverai jamais, malgré ma
bonne volonté, à un si haut point de perfection. Le stoïcisme ordonne de se garder
de la colère comme d'une passion funeste et

---

[1] Arien, page 36.

tout-à-fait indigne d'un philosophe ; quant à moi, je voudrais comme Alceste pouvoir pester à mon aise contre le genre humain. Il y a des choses auxquelles j'ai beaucoup de peine à m'accoutumer. Il faut que je veille sur moi-même avec grand soin pour réprimer l'explosion de mes sentimens ; ils sont toujours sur le bord de mes lèvres ou au bout de ma plume ; mais je me discipline, suivant le précepte de Cratès, le mieux qu'il m'est possible, et je ne désespère pas de devenir aussi patient qu'Épictète lui-même.

Ce qui me coûte le moins pour devenir un sage parfait, c'est le pardon des injures. Mes haines sont fugitives, elles passent plus vite que le mépris. Les doctrines du portique ne défendent pas de mépriser ce qui est vil, et je m'y tiens ; dans le temps où nous sommes, assez d'objets suffisent au dédain pour occuper suffisamment les loisirs d'un honnête homme; je n'en demande pas davantage.

Le portique interdit à ses disciples l'ambition, la vanité; il ordonne de ne craindre ni la douleur, ni les fers, ni la mort; en un mot, d'être toujours le même dans toutes les circonstances de la vie. Reprenons ces préceptes l'un après l'autre, et voyons si je suis en état de m'y conformer.

L'ambition. C'est une maladie dont il ne me sera pas difficile de guérir. Si j'avais un grand pouvoir, je ne saurais qu'en faire, ce serait pour moi un véritable fardeau; je le porterais peut-être quelque temps pour faire le bien, si cela était possible; mais il me tarderait d'en être débarrassé. Serait-ce l'honneur que les hauts pouvoirs confèrent qui pourrait me tenter? J'aimerais mieux honorer ma place que si ma place m'honorait. Serait-ce le plaisir d'être appelé *monseigneur* ou *votre grandeur?* Je ne trouv pas que ces mots aient un son plus harmonieux que beaucoup d'autres auxquels on n'attache aucune importance ; tout ce qu'ils peuvent faire, c'est de flatter l'oreille d'un sot, et l'on m'assure que cela est arrivé plus d'une fois.

La vanité. N'ayant point d'ambition, que ferais-je de la vanité? Ce serait pour moi une compagne fort désagréable, elle m'ennuierait à la mort; d'ailleurs, je suis par caractère très-peu enclin à cette faiblesse; je connais trop bien les infirmités de la nature humaine pour tirer quelque vanité d'appartenir à une si pauvre espèce. Je cultive les lettres par inclination, parce que cette culture fournit un exercice salutaire à la pensée; mais les fumées de la gloire littéraire ne m'ont jamais monté au cerveau; je n'ai pas, comme la plupart de mes confrères, les regards toujours fixés sur l'avenir. Je ne suis pas assez content de ce que j'écris pour espérer beaucoup de la postérité; elle me jugera comme elle voudra; je déclare d'avance que je n'appelle point de son jugement, quelque sévère qu'il puisse être. Quant à mes contemporains, s'ils pensent de moi ce que je pense du plus grand nombre d'entre eux, je n'ai pas sujet d'être fier. Une seule chose pourrait me donner de la vanité, c'est ma prison; et j'y céderais peut-être si j'avais moins envie d'être philosophe.

La crainte de la douleur et des fers. Ceci devient plus sérieux : le portique en parle bien à son aise; il prétend que la douleur n'est qu'une chimère, qu'elle n'existe qu'en idée. Il me semble qu'il y a quelque chose d'exagéré dans cette prétention; je ne me crois pas capable d'imiter ce philosophe qu'on pilait dans un mortier, et dont la dernière parole fut : « *O douleur, on ne me forcera jamais d'avouer que tu sois un mal!* » Tout ce que je puis promettre à la philosophie, c'est de m'armer de patience quand j'éprouverai de la douleur; mais si la plainte pouvait m'en débarrasser, je crois que je n'y résisterais pas. C'est déjà quelque chose que la patience; le reste viendra quand il pourra. Quant à la mort, je ne sais pas au juste ce que c'est; aussi je me contente d'y penser le moins qu'il est possible. S'il est vrai, comme j'en ai l'espérance, que les familles, les amis se retrouvent et se reconnaissent à ce grand rendez-vous de l'humanité, il est clair que la mort qui nous sépare des méchans et des persécuteurs est plutôt un bien qu'un mal.

Voilà donc mon cours de sagesse terminé! je vais être ferme comme un roc contre tous les accidens de la vie; je n'éprouverai plus ni émotion fâcheuse, ni passion, ni ressentiment; je deviens impassible.

Comme j'achevais ces lignes, le gardien qui veille à ma sûreté avec une sollicitude inquiète, m'annonce l'arrivée de ma femme et de ma fille. Zénon ne défend pas d'aimer sa famille, aussi je les embrasse avec plaisir. Mais il est arrivé un malheur, on me le raconte. Une vieille amie qui ne m'avait pas quitté depuis long-temps, dont je regrettais l'absence, et qui brûlait du désir de me revoir, ma chienne Zerbine avait suivi ces dames, et on lui avait inhumainement refusé l'entrée de Sainte-Pélagie : elle aurait eu besoin d'une permission timbrée de la préfecture de police, et on n'avait pas songé à la demander. Zerbine se lamentait piteusement à la porte de la prison ; elle attendrissait tout le monde, excepté le guichetier. J'aurais voulu voir ma chienne : ce désappointement m'irrite, j'éclate en reproches, je m'indigne contre un tel procédé. J'étais vivement ému : adieu ma philosophie, adieu mon stoïcisme rêveur. « Je suis Gros-Jean comme devant. »

A. J.

DIXIÈME CONSOLATION.

LA PRISON ILLUSTRÉE.

Quisnam igitur liber? sapiens, sibique imperiosus,
Quem neque pauperies, neque mors, neque vincula terrent.
Responsare cupidinibus, contemnere honores
Fortis.   HORACE.

(Quel est l'homme libre? le sage qui sait mépriser la
pauvreté, la mort, les chaînes, faire la loi à ses
désirs, et dédaigner les biens de la fortune.)

QUAND on se mêle de faire de l'érudition
à propos des infortunes humaines, on peut
se montrer savant à peu de frais; les exemples se pressent sous la plume de l'écrivain,
ils obsèdent sa pensée, et la page, remplie
de faits, ne laisse point de place aux réflexions.

Si je ne craignais qu'on vît dans une simple remarque un mouvement de vanité qui est loin de mon esprit, et que ma situation même ne justifierait pas, je dirais que c'est toujours à quelque supériorité réelle ou prétendue que s'adresse la persécution, et que pour parvenir à une haute réputation il faut avoir le courage d'essuyer de grandes injustices.

Sophocle fut traîné devant un tribunal par ses enfans; Aristide et Thémistocle furent exilés; Phocion et Socrate burent la ciguë : la mémoire de ce dernier fut insultée par Cicéron lui-même, qui le traite d'usurier dans une de ses lettres familières, où il donne des ordres pour faire acheter sous main les biens de son ami le *Crotoniate*, confisqués par un jugement. Le vertueux Platon fut accusé d'envie par Athénée, de mensonge par Théopompe, de vol par Aulugelle, d'avarice par Suidas, de débauche par Porphyre, et d'impiété par ce coquin d'Aristophane, payé par les honnêtes gens d'Athènes pour calomnier les hommes les plus vertueux de son siècle, et qui gagna si bien son argent.

Quant à cette punition corporelle, la prison, dont je m'occupe plus particulièrement aujourd'hui que j'ai mon sujet sous les yeux, on remplirait un volume des seuls noms des savans, des hommes de lettres et des philosophes auxquels ce châtiment fut infligé.

Anaxagore y fut mis pour avoir prétendu qu'il y avait un Dieu, Boëce pour avoir été bon ministre, Buchanan pour avoir dit la vérité, Galilée pour avoir prouvé que la terre tournait autour du soleil. Boëce fit en prison son meilleur volume, et Buchanan ses excellentes paraphrases des psaumes du bon roi David.

Cinq ans de prison furent infligés au plus courageux, au plus reconnaissant des poëtes, à Pélisson ; il y fit des vers pour la postérité. L'immortel auteur de la *Jérusalem délivrée* mourut dans un cachot; *Don Quichotte* y vit le jour. La jurisprudence anglaise n'a pas de meilleur ouvrage que *Fleta*, composé à FLEET par un avocat emprisonné pour dettes, et qui n'en sortit jamais.

Louis XII, duc d'Orléans, fut emprisonné avant de monter sur le trône, et c'est dans la vieille tour de Bourges qu'il s'instruisit à régner. Il est à remarquer que les deux meilleurs rois qu'ait eus la France, Louis XII et Henri IV, avaient reçu les mêmes leçons de l'infortune, et, ce qui est plus extraordinaire encore, en avaient su profiter.

Raleigh a composé son *Histoire du monde*, chef-d'œuvre d'éloquence et de raison, au sein d'un cachot où il était enfermé : l'auteur est mort pour avoir été un héros.

Selden a fait en prison tous ses ouvrages; Polignac charma la sienne en composant son *Anti-Lucrèce*. Fréret étudia Bayle pendant le long séjour qu'il fit à la Bastille; et le génie des siècles, Voltaire, y traça le plan de notre seul poëme épique.

Le poëte royaliste Davenant, à qui Milton sauva la vie sous le règne du protecteur, et qui rendit à son tour le même service à l'Homère anglais à l'époque de la restauration, Davenant finit son poëme dans un cachot du château de Carisbrooke, où il avait été enfermé par ordre de Cromwell.

L'auteur de *Robinson Crusoé*, du seul ouvrage que Rousseau voulait que l'on mît entre les mains de l'enfance, acheva son roman dans la prison de Newgate. De Foë avait écrit contre des ministres qui déshonoraient sa nation ; ceux-ci le firent enfermer : quand il sortit de Newgate, ses persécuteurs avaient perdu leur place, et il avait conquis la sienne.

La prison semble porter bonheur aux écrivains. Le *Gondibert* de sir William Davenant est le seul des ouvrages de ce poëte qui méritât de lui survivre ; et la *Revue* de

Foë, qu'il avait commencée sous les verrous de Newgate, si heureusement imitée par Addisson et Steele dans leur *Spectateur*, devint la source de cent essais périodiques du même genre dont se glorifie l'Angleterre, et que j'ai moi-même essayé d'introduire en France sous le titre d'HERMITE. Le prisonnier de Sainte-Pélagie se plaît à faire hommage au prisonnier de Newgate des succès qu'il a obtenus dans un genre dont de Foë fut créateur.

Ce fut aussi la politique qui jeta Wicquefort dans une prison d'état, où il écrivit son traité si curieux des *Ambassades*.

Peu de personnes savent qu'un Italien du nom de Maggi, après avoir défendu avec autant de courage que de talent la ville de Famagusta, assiégée par les Turcs, devint leur prisonnier; qu'ils le traitèrent en véritables Turcs, c'est-à-dire qu'ils brûlèrent sa maison, ses livres, ses instrumens, et le descendirent dans une espèce de puits, où

il vécut enterré pendant quatorze mois :
c'est là que Maggi composa son traité *de
Tintinnabulis*, qui fut jugé excellent.

On a dit que le malheur désarmait l'envie, et que l'envieux quelquefois était bien
aise d'avoir pitié. Cette observation est dé-
mentie par l'expérience ; les puissans peuvent éprouver le besoin de pardonner au
mérite ; les impuissans, qui sont les envieux,
ne lui pardonnent jamais. Un prince imbé-
cile se contenta de faire brûler les ouvrages
de l'abbé Trithême, coupable du crime d'a-
voir inventé une sténographie ; mais ce
pauvre Virgile, évêque de Salzbourg, fut
brûlé tout-à-fait à la requête d'un théolo-
gien envieux, pour avoir eu l'audace d'é-
crire que, la terre étant ronde, il y avait
nécessairement des Antipodes.

Il serait trop aisé d'ajouter à cette liste de
savans malheureux, des noms recueillis dans
toutes les classes et dans tous les genres de
talent. Je m'arrête et laisse aux aspirans à

la classe des sciences et belles-lettres cette recherche consolante.

Puisque la persécution des philosophes et des gens de lettres paraît être une maxime invariable de tous les gouvernemens, et qu'on ne veut pas même, dans notre siècle de lumières, leur accorder l'honneur d'une prison spéciale, je proposerais (sans préjudice des rigueurs que l'on continuerait à exercer contre les vivans) qu'on élevât aux morts un monument expiatoire.

Quelque forme que l'artiste se plût à donner à cet édifice, je voudrais que, sans distinction de temps, de pays et d'infortune, on y trouvât les portraits,

De CAMOENS, qui mourut de faim dans la rue; d'OTWAY, qui expira sur la paille dans un grenier dont on avait vendu quelques jours avant les derniers meubles; du TASSE, qui empruntait cinquante sous pour vivre pendant la semaine,

Non avendo candele per iscrivere i versi suoi;

de l'Arioste, qui se plaint si amèrement dans ses satires de n'avoir qu'un mauvais manteau troué; de Dryden, qui fut toute sa vie aux gages du libraire Tonson, et qui lui vendit pour trois cents francs les dix mille meilleurs vers de la langue anglaise; de Gilbert, qui mourut dans un hôpital. On y accorderait les premières places à Milton aveugle, forcé de vendre son *Paradis* pour dix guinées; à Lesage, qui mangea dans sa vieillesse le pain de la pitié; à Corneille, qui n'avait pas de bouillon chez lui la veille de sa mort; à Vondel, qui composait ses tragédies dans une échoppe où il mourut à quatre-vingt-dix ans; à Voltaire, qui passa en exil soixante ans de sa glorieuse vie; à Jean-Jacques errant; à David exilé; à Sydenham, qui mourut dans une maison de détention; au savant Adanson, qui s'excusait à quatre-vingts ans de ne pouvoir se rendre à l'académie à défaut d'argent pour acheter une paire de souliers.

Ce monument porterait pour inscription : ICI NOUS POUVONS DORMIR.

E. J.

ONZIÈME CONSOLATION.

LA DÉTENTION. — LE DOYEN DES VOLEURS.

> Il n'est point d'homme parvenu à un certain
> degré de perversité qui n'ait de soi une
> idée supérieure. DUCLOS.

J'AURAIS été mécontent de moi-même si j'étais sorti de Sainte-Pélagie sans avoir acquis une connaissance parfaite de ce lieu de douleurs dans lequel ont gémi d'illustres victimes de nos dissensions politiques, et qui reçoit aujourd'hui, par une volonté arbitraire, ce que la société a d'honorable et de vil. A différentes heures de la journée je vois se promener, dans une cour appelée *cour de la détention*, tantôt des hommes revêtus d'une veste et d'un pantalon d'étoffe grossière, moitié gris-pâle, moitié gris-foncé, tantôt des enfans qui paraissent soumis au même régime. Avant de parler de ces détenus, je vais déterminer les localités d'après des renseignemens positifs.

Le corridor de la détention occupe tout le second étage du principal bâtiment de Sainte-Pélagie, et une partie du troisième. Il forme un angle droit en se prolongeant sur deux lignes, l'une au midi, l'autre à l'ouest. C'est dans les vastes corridors du rez-de-chaussée que sont établis les ateliers où travaillent la plupart des détenus : on y fait de la passementerie, on y fabrique avec la nacre divers objets de luxe, on y tisse des chapeaux d'osier; enfin on s'y occupe de divers ouvrages dont le produit est ainsi divisé : un tiers pour l'administration, un tiers pour l'ouvrier; l'autre est mis en réserve. Cette dernière partie est aussi la propriété du détenu, qui la reçoit lorsqu'il recouvre sa liberté. Cette prévoyance mérite des éloges. Quelques chambres ont été ménagées dans les corridors pour les contre-maîtres. Sur la même ligne se trouvent les cachots où l'on renferme les prisonniers qui troublent l'ordre, et qu'on veut punir.

Dans la partie nord-ouest se trouve la *préfecture ;* c'est le nom que les détenus ont donné à la chambre de dépôt où ils subissent, à leur arrivée, une détention provisoire : un lit de camp en occupe toute la longueur. Ils y restent jusqu'à ce qu'ils aient été classés, et qu'ils aient obtenu *la pistole.* J'expliquerai bientôt cette bizarre expression. Vis-à-vis de ce dépôt, et sur une ligne parallèle, est la chambre des *vieillards;* le reste du corridor se compose de chambres d'ouvriers.

Le corridor qui forme la ligne dont l'exposition est au midi est appelé le corridor de *la pistole;* ce mot signifie tout ce qui est nécessaire pour former un lit. Ainsi par simple pistole, on entend un bois de lit couvert d'une paillasse, un matelas et un drap grossier : la répétition de ces deux derniers objets se nomme *la double pistole*. C'est une douceur qui n'est pas indifféremment accordée aux détenus. La pistole n'appartient de droit qu'à celui dont le terme de la condamnation n'excède pas trois mois. Pour l'obtenir dans une autre position, il faut souvent faire agir de puissans ressorts ; M. le préfet de police est le dispensateur arbitraire de la pistole ; il l'accorde ou la refuse selon son bon plaisir : aussi les détenus qui sollicitent cette insigne faveur ne manquent-ils jamais, dans leurs pétitions, de l'appeler *monseigneur*, et de porter aux nues son humanité. Ceux qui ont le bonheur de jouir d'un lit complet peuvent recevoir quelques autres meubles de première nécessité ; ce sont les sybarites de Sainte-Pélagie.

Revenons à *la préfecture*, ou lieu de dépôt ; là se trouvent réunis tous les genres de misère, de douleur, et de dépravation. A six heures du soir, les habitans de ce triste réduit sont renfermés. Ils couchent sur une paillasse, et n'ont dans la saison la plus rude qu'une simple couverture. Comme le local est trop resserré pour le nombre des prisonniers, que la plupart fument du tabac, et qu'ils ne peuvent sortir pour satisfaire aux besoins les plus pressans, il s'y forme une atmosphère brûlante et délétère. C'est là qu'à la honte de l'humanité on entasse des hommes condamnés pour des délits d'une nature plus ou moins grave, et auxquels on inflige la même torture.

Fastueux amis de la religion, qui usez ainsi du pouvoir, venez contempler ces malheureux ; voyez celui que l'Évangile vous ordonne de regarder avec pitié, même dans son état d'abjection ; venez le voir gisant sur la paille, ne respirant qu'un air vicié, couvert d'insectes dégoûtans, près de tomber dans les convulsions du désespoir. Ces hommes que le vice a dégradés, la loi les condamne à la détention, elle punit sans colère : d'où viennent donc toutes ces rigueurs qui lui sont inconnues? Laissez-les au moins respirer un air pur; ne les condamnez pas à l'infection, source inévitable de maladies. Vous nous parlez sans cesse de bienfaisance, de charité; montrez-vous donc charitables et bienfaisans. Vos paroles sont religieuses, que vos actions le soient aussi. Si vous ne craignez pas les hommes, redoutez au moins les jugemens de Dieu !

Jusqu'à neuf heures du soir, on entend dans cet enfer un bruit tantôt confus, tantôt retentissant. Quelquefois le *brigadier*[1] de la *préfecture* réclame le silence, et an-

---

[1] On appelle *brigadier* le détenu chargé de la distribution du pain. Il reçoit un léger salaire et jouit de quelque faveur.

nonce qu'un nouveau prisonnier demande à raconter une histoire. C'est un coquin déterminé qui prend ordinairement la parole, soit pour exposer les motifs et les circonstances de son arrestation, soit pour célébrer les exploits de quelque vieux camarade mort au champ d'honneur, c'est-à-dire en place de Grève; on écoute avec attention ses récits, exprimés dans un jargon inintelligible pour la partie civilisée de la société.

Si l'orateur, dans sa narration, indique quelque moyen nouveau et subtil d'éluder la loi et de consommer le délit, l'intérêt redouble, l'auditoire s'agite et applaudit avec enthousiasme : c'est ainsi qu'ils se fortifient mutuellement dans le crime, et que cette contagion morale gagne jusqu'à ceux dont le cœur n'est pas encore endurci, et qu'un traitement humain, de sages instructions, auraient conduits au repentir.

Ce repaire renferme non-seulement des orateurs, mais encore des poëtes, qui, dans

leurs rimes grossières, chantent leurs bru-
tales amours et les catastrophes des prisons.
Il s'y trouve aussi des avocats qui dissertent
sur le Code pénal mieux qu'aucun juriscon-
sulte, et qui l'expliquent aux autres avec
une étonnante sagacité.

Mais neuf heures sonnent : la voix rau-
que des gardiens roule sourdement sous les
sombres voûtes des corridors, un silence
profond s'établit. Bientôt l'appel se fait , la
porte crie sur ses gonds, et les énormes
verrous sont tirés. Mais à la pointe du jour
le tumulte recommence.

Les prisonniers âgés de plus de soixante
ans, ou qui ont une infirmité apparente,
sont dispensés de tout travail , et reçoivent
chaque jour ce qu'on appelle *les vivres gras.*
Ces vivres se composent d'un peu de bouillon, d'une portion de vin, et d'un morceau
de viande bouillie. C'est un commencement
d'amélioration, l'humanité doit y applaudir.
Les vieillards couchent seuls, dans un lit

formé d'une paillasse, d'un matelas et d'une paire de draps. La plupart de ces détenus sont les patriarches de la filouterie. Je parlerai plus tard d'un prisonnier âgé de quatre-vingt-quinze ans, que tous les voleurs ont en grande vénération comme le doyen de l'ordre en France et probablement en Europe.

Le quatrième étage de Sainte-Pélagie est occupé au midi par les détenus pour dettes, et à l'ouest par les *mômes*. C'est par ce mot lugubre qu'on désigne une foule d'enfans qui n'ont pas encore atteint leur seizième année. Ce sont pour la plupart des enfans abandonnés ou vagabonds, qui ont exercé, ou qui pourraient exercer une coupable industrie. Quelques-uns de ces enfans, étourdis ou vicieux, ont été livrés par l'imprudence de leurs parens aux rigueurs de la justice; d'autres enfin sont ainsi punis d'avoir demandé l'aumône en plein jour. On en voit qui ne paraissent pas âgés de plus de sept à huit ans : ils commencent la vie sous de bien tristes auspices.

Les mômes sont divisés en deux classes, les grands et les petits. Cependant cette distinction n'est que nominative; ils vivent ensemble, couchent dans le même dortoir et sont soumis aux mêmes travaux; seulement les grands, c'est-à-dire les plus âgés, font aux petits une guerre continuelle : c'est l'abus de la force, il se trouve partout.

Les mômes sont réveillés à la pointe du jour comme les autres détenus. Un employé de la maison est chargé de conserver l'ordre et le silence parmi eux. Comme ces enfans couchent deux par deux, on les oblige de se peigner et de se rendre mutuellement les services que des parens sans entrailles refusent de leur donner.

Cela fait, la prière commence, et immédiatement après le travail. Ils sont tous occupés à faire des cardes de laine ou de coton. Vers dix heures et demie leur atelier est ouvert,

et ils descendent dans une cour assez vaste,
mais la hauteur des bâtimens qui l'entourent
met obstacle à la libre circulation de l'air;
c'est là qu'ils se dédommagent du silence
qui leur est imposé le reste de la journée.
L'insouciance et la gaieté naturelle à l'enfance se lisent sur leurs visages, dont plusieurs semblent échappés aux pinceaux de
Rubens et de Michel-Ange.

Leurs jeux ont cependant quelque chose
de triste et de cruel. Ils s'agitent en tout
sens se poussent l'un l'autre, se traînent
sur la terre, et courent en riant barbouillés
de fange. Leurs délassemens les plus paisibles portent même une empreinte de ce
mélange d'humeur brutale et de passions
précoces qui les distingue. Ils jouent quelque petite pièce de monnaie avec l'énergie
sombre et l'attention avide d'un joueur qui
risque sur une carte fatale la fortune de sa
famille et le repos de sa vie. De temps à
autre, on entend retentir dans la cour des

mômes d'épouvantables juremens. Le gardien qui se promène au milieu d'eux, armé d'un nerf de bœuf, y fait peu attention. Son redoutable fléau ne tombe que sur les joueurs obstinés et sur les vainqueurs de la lutte.

C'est dans cette cour que les mômes reçoivent leurs vivres. Quelle que soit la rigueur de la saison, ils y descendent la plupart nu-pieds, ou en sabots, et légèrement couverts. On sait que toutes les administrations sont parcimonieuses ; les employés renchérissent encore sur cette économie. On m'assure que ces enfans sont quelquefois dans un état qui excite la pitié ; car l'enfance a toujours quelque chose de gracieux qui ne s'accorde point avec l'idée de la dépravation et qui inspire l'intérêt.

On suit pour l'éducation de ces enfans des principes que la raison ne saurait avouer. Ils ont un maître qui suit l'ancienne méthode des frères ignorantins, et dont les soins sont presque toujours infructueux.

Leur principale instruction se borne à des leçons de plain-chant. Le jeudi de chaque semaine, une heure est consacrée à cet exercice. Au temps de Charlemagne c'eût été quelque chose ; mais à l'époque où nous vivons, l'humanité devrait à ces infortunés une éducation civile et religieuse mieux entendue.

Avec un tel régime, ces enfans ne peuvent contracter que des penchans vicieux. Ils s'abandonnent avec délices et avant l'âge aux passions dévorantes qui sont le fléau de la société. Beaucoup d'entre eux languissent et meurent vers l'âge de treize ou quatorze ans. Ceux qui survivent, et qui ne sont retenus que par mesure de précaution, reçoivent leur liberté à seize ans révolus. Ils rentrent alors dans le sein de la société sans avoir la moindre idée de leurs nouveaux devoirs, et se précipitent bientôt dans de coupables excès. Il y a trois mois, deux de ces enfans furent relâchés ; quinze jours après, on sut qu'ils avaient été conduits à la prison de la Force comme prévenus de vol avec effraction. Ils ont été condamnés aux fers.

Les enfans détenus ont le plaisir de voir M. le duc de Montmorency cinq ou six fois par an. La présence de l'honorable pair est toujours un bienfait. Le jour de sa visite étant prévu, on rassemble à la hâte les vieux sabots; les visages et les mains sont lavés; on fait raccommoder les vêtemens et changer le linge. Ils paraissent ainsi dans un état assez décent de propreté. M. de Montmorency les voit, cause un moment avec les employés, s'imagine sans doute que chaque jour ressemble à celui de sa visite, et se retire satisfait des progrès de ces pauvres mômes dans le chant grégorien.

Si j'étais administrateur des prisons, je m'y prendrais autrement. J'exigerais d'abord que ces enfans fussent nourris comme il convient à un âge où la nature a besoin de forces pour son développement progressif. Pendant cinq jours de la semaine ils ne mangent que du pain : c'est seulement le jeudi et le dimanche qu'ils reçoivent du bouillon gras et de la viande. Cette exception serait ma règle générale. J'y joindrais quelques fruits mûrs dans la saison. Il est cruel de priver entièrement l'enfance de ces fruits qu'elle aime avec passion, et qui lui font, je n'en doute pas, beaucoup de bien. Je voudrais aussi que mes mômes fussent toujours décemment vêtus, et je leur donnerais des souliers au lieu de sabots ; un homme ou un enfant, couvert de haillons, est toujours peu disposé à se respecter lui-même.

Au lieu de leur enseigner le plaint-chant, qui est de peu d'usage dans le cours ordinaire de la vie, je ferais disposer un local particulier où j'ouvrirais pour eux une école d'enseignement mutuel. Le travail commun fait naître l'émulation, et la régularité des mouvemens, observée dans ces écoles, dispose aux habitudes d'ordre qu'il est si essentiel d'inculquer aux enfans. Le maître

que j'aurais choisi serait un homme raisonnable qui leur enseignerait à lire, à écrire
et un peu d'arithmétique; les élémens de la
religion et surtout la partie morale feraient
la base de leur instruction. On les entre-
tiendrait rarement de l'enfer qui ne les inquiète guère; mais on leur parlerait beaucoup des devoirs qu'impose la société, des
avantages attachés à une vie laborieuse,
de la considération et du bonheur qui naissent d'une bonne conduite. Je mettrais ces
principes en action. Ceux qui s'abstien-
draient de jurer, de se livrer à la colère,
ou à des jeux féroces, obtiendraient des
égards et quelques légères faveurs : les autres ne seraient point frappés à coups de
nerf de bœuf; mais ils sentiraient le mépris,
ils éprouveraient des privations : les incor-
rigibles seraient séparés des autres; ils seraient en petit nombre, ou je connais bien
mal le cœur humain.

Quand mes enfans seraient parvenus à

l'âge de seize ans, et que la loi réclamerait leur liberté, je me garderais bien de les abandonner à eux-mêmes ; j'aurais un fonds en réserve pour les placer suivant leur industrie et leurs progrès ; je les suivrais de l'œil, et je ne serais satisfait que lorsque je les verrais mener une conduite réglée, et se rendre utiles à eux-mêmes et aux autres.

On sent bien que pour adopter et suivre un pareil système il faudrait un autre local que Sainte-Pélagie. Un tel établissement exigerait peut-être de nouvelles constructions, et entraînerait quelques dépenses ; aussi mon rêve, comme ceux de l'abbé de Saint-Pierre, ne sera point réalisé : on élèvera à grand frais des statues et des salles d'opéra, et les enfans de Sainte-Pélagie continueront à apprendre le plain-chant.

J'ai déjà fait mention des détenus d'un âge avancé : aucune espérance ne repose plus sur eux ; ils ont vécu et ils mourront dé-

pravés. Le père Tristan [1], ce vieillard presque
centenaire qui a vu passer tant de générations de voleurs, en est un exemple frappant;
il ne jette sur sa longue vie que des regards
de complaisance, et se flatte de l'espoir de
faire encore parler de lui avant sa mort. Son
père, dit-il, a vécu cent vingt-cinq années,
sa mère cent quinze; de sorte qu'en prenant
le terme moyen, il compte n'abandonner sa
carrière qu'à l'âge de cent vingt ans.

Tristan était couvreur de profession; il
avait déjà quarante ans, et aucune action
honteuse n'avait souillé sa vie. Un jour qu'il
grimpait sur un toit dans la rue Saint-
Honoré, il aperçut par une fenêtre ouverte
une superbe montre d'or suspendue à une
cheminée; il éprouva une tentation violente
de s'approprier ce précieux bijou, et il
n'eut pas la force d'y résister : l'occasion
était favorable; il se glissa furtivement dans

____

[1] Je ne désigne ce vieillard que par son prénom. Il
a, m'a-t-on dit, une famille et des parens honnêtes.

la chambre, et enleva la montre. Dès lors
ce fut un homme perdu.

Le produit de la montre lui donna le
moyen de vivre quelque temps dans l'oisi-
veté. Ce genre d'existence lui parut doux ;
il perdit l'habitude du travail, seule garantie
de moralité dans les classes inférieures : le
voilà qui hante les tavernes, fait connaissance avec de mauvais garnemens, et se
trouve bientôt initié dans tous les secrets
de la profession.

Tristan avait quelque lecture et ne manquait pas d'esprit ; il se fit un système de
doctrine à son usage : au moment où j'é-
cris il est encore prêt à développer sa théo-
rie, et à expliquer sa conduite. « Je sais,
» disait-il à un détenu pour délit politique
» de qui je tiens ces détails, je sais ce que
» le monde pense de moi ; on me traite,
» j'en suis sûr, avec sévérité, l'on me re-
» garde avec horreur ; cela ne me serait pas
» arrivé si j'avais vécu à Sparte : mon in-

» dustrie et mon intelligence auraient excité
» l'admiration de mes concitoyens.

» Vous croyez qu'il n'en est pas ainsi en
» France ! Cela est vrai, pour de petits vo-
» leurs comme moi ; mais si j'étais un grand
» voleur ce serait autrement ; eussé-je ruiné
» d'un seul coup cent familles, si j'avais
» mis à l'abri mes millions, soit en les pla-
» çant dans les fonds étrangers, soit en les fai-
» sant passer sur le compte de ma femme, je
» ne serais point ici, je me promènerais tran-
» quillement dans mon carrosse, à la barbe
» de mes créanciers ; je donnerais des bals
» magnifiques, je serais peut-être même à
» la tête de quelques gros emprunts, de quel-
» ques bonnes fournitures : qui sait si des
» conseillers d'état ne me parleraient pas
» avec respect ; si des ministres ne me tou-
» cheraient pas dans la main ? Croyez-vous
» que je n'aurais pas beaucoup d'amis qui
» viendraient dîner chez moi, et qui élève-
» raient ma probité jusqu'au troisième ciel ?

» Quand je me fus dégoûté de mon mé-
» tier de couvreur, où je courais risque de
» me rompre à chaque instant les bras et
» les jambes, je me mis à considérer ce qui
» se passait autour de moi; je ne vis par-
» tout que des dupes et des fripons. Je n'a-
» vais pas envie d'être dupe, je devins fri-
» pon, de la petite espèce il est vrai; je
» n'avais ni les connaissances ni les fonds
» nécessaires pour établir des agences, pour
» faire ce qu'on appelle des reviremens,
» pour spéculer sur la fortune publique,
» et me retirer subtilement au moment
» favorable. Je ne pouvais nager en grande
» eau, je me suis contenté de pêcher en eau
» trouble; ne pouvant être voleur en gros,
» je me mis voleur en détail.

» J'eus pourtant un jour la fantaisie de
» devenir honnête homme. J'avais plus de
» soixante-dix ans, et je venais d'en passer
» six en prison. Tristan, me dis-je à moi-
» même, profite de cette dernière leçon;

» tu vois que ton chemin est raboteux,
» prends une autre route, mon ami, peut-
» être tu t'en trouveras bien.

   » J'étais ainsi plongé dans la rêverie lors-
» que je fus abordé par un de mes anciens
» camarades qui était devenu, je ne sais
» comment, valet de service dans la maison
» d'un prince nouvellement parvenu.

   » Je te rencontre à propos, me dit mon
» camarade; éloignons-nous un peu, je vais
» te raconter de quoi il s'agit. J'ai décou-
» vert sur le bureau de monseigneur, à
» gauche en entrant, un gros portefeuille
» plein de billets de banque, et tout près
» une pile de napoléons en or. Qu'en dis-tu?

   » Je dis, répondis-je aussitôt, que l'or
» et les billets de monseigneur viendront
» dans ma poche, et que nous les parta-
» gerons en honnêtes gens, pourvu que tu
» me donnes les renseignemens dont j'ai
» besoin. Raconte-moi ce qui se passe dans
» l'hôtel. Monseigneur n'a-t-il pas quelques

» petites réparations à faire sur les toits de
» la maison ?

» Non, répondit-il ; on ne fait de répa-
» rations qu'à son château. J'ai même en-
» tendu dire que l'architecte devait demain
» dans la journée venir chercher un plan
» que monseigneur a examiné, et qui doit
» être mis à exécution le plus tôt qu'il sera
» possible.

» Cela suffit, répliquai-je ; il y aura bien
» du malheur si je n'accroche pas ce pois-
» son. Bouche close, et va-t'en, je crains
» qu'on ne nous voie ensemble. Tâche seu-
» lement d'être à la porte pour me faciliter
» les voies.

» Je réfléchis que c'était là une occasion
» superbe pour devenir honnête homme.
» Quand j'aurai cet or, ces billets, qui
» m'empêchera de laisser les affaires et de
» vivre tranquille ? Je m'ennuie d'être tou-
» jours en querelle avec la justice : il faut
» faire une fin.

» Mon plan était bien digéré. Le lendemain
» je m'habille en architecte subalterne, habit
» noir, cravate blanche, air modeste, et la
» toise à la main, j'arrive, je demande mon-
» seigneur. Mon camarade crie : « Voilà l'ar-
» chitecte de monseigneur ; on l'attend. »
» L'huissier m'annonce, je suis introduit
» dans une pièce sur laquelle ouvre le ca-
» binet du prince, où il causait probable-
» ment avec quelque ambassadeur. — «Que
» désirez-vous ? me dit-il. — Monseigneur,
» votre architecte ne pouvant venir lui-même
» m'a chargé.... — J'entends, répondit-il ; je
» suis à vous, passez dans mon cabinet. »—
» J'entre, et dans un clin d'œil mon coup
» est fait. Il fallait toute ma dextérité, car
» monseigneur était presque sur mes talons.
» Son plan était étalé sur la table ; il me le
» montre, et m'explique en détail toutes les
» rectifications qu'il désire. J'étais sur les
» épines, je craignais à chaque minute de
» voir arriver le véritable architecte. Enfin

» on annonce à monseigneur une nouvelle
» visite, il me donne le plan et me con-
» gédie.

» Sûr de mon fait, je descends l'escalier;
» quelques chambres étaient ouvertes : dans
» l'une d'elles j'aperçois sur une chaise, à
» l'entrée, un spencer de velours noir. Je
» me rappelle aussitôt que ma petite nièce
» m'avait demandé le matin même un spen-
» cer noir. Je saisis celui-ci et le mets dans ma
» poche. Une maudite servante, que je n'avais
» pas aperçue, me voit et crie aussitôt *au vo-*
» *leur!* Je veux me sauver, deux grands co-
» quins de laquais m'arrêtent. Me voilà pris,
» on m'enlève mon trésor, et je suis bientôt
» condamné, pour récidive, à dix ans de
» prison.

» Vous voyez bien, ajoute le père Tristan,
» que la fortune ne veut pas que je devienne
» honnête homme. Il faut donc que je me
» soumette à la destinée. »

Ce vieillard, dans le cours de sa vie licencieuse, ne s'est jamais exposé à des peines afflictives et infamantes. Jamais d'effraction avec lui, jamais de ces vols qui envoient un homme aux galères. Lorsqu'on lui demande comment il a fait pour éviter les fers. « C'est, répond-il, que je n'ai jamais volé que le Code pénal à la main. »

On assure dans la prison que le père Tristan est riche de cinq à six mille livres de rente. Mais sa passion pour le larcin est tellement enracinée qu'on croit qu'il ne résistera jamais à une tentation, et qu'il finira par mourir à Poissy ou à Sainte-Pélagie.

A. J.

DOUZIÈME CONSOLATION.

LE CORRIDOR ROUGE.

> . . . . Les cœurs opprimés ne sont jamais soumis.
> VOLT.

On a dû créer un mot pour qualifier des actions que l'autorité voulait punir, et qu'aucune loi ancienne ne pourrait atteindre. C'est ainsi qu'on appelle délits politiques quelques passages, quelques phrases, ou même quelques mots d'un livre où des jurés, peseurs de l'intention, verraient ou croiraient voir une censure, par illusion, des actes du ministère ou de la conduite des ministres ; la *tendance* présumée d'un écrit vers des doctrines politiques qui ne sont pas ou qui ne sont plus celles du gouvernement; des *acclamations* qu'il eût été absurde de dénoncer comme des cris séditieux. C'est pour la répression de ces délits de circonstance qu'une loi de circonstance elle-même a investi les tribunaux du droit d'en connaître et d'appliquer à leurs auteurs les peines portées par le code contre les escrocs et les voleurs.

Lorsqu'il fut question l'année dernière d'ajouter cette loi au recueil de 25 ou 30 mille autres qui nous régissent , indépendamment des 24 volumes in-folio d'ordonnances royales auxquelles on a recours au besoin , les inconvéniens de cette mesure législative furent signalés à la tribune ; les infatigables défenseurs des libertés nationales, MM. B. Constant, Foy, Manuel, Girardin , objectèrent qu'il fallait au moins s'expliquer sur cet emprisonnement dont on menaçait les auteurs de délits politiques, et que la chambre ne voulait certainement pas qu'on les assimilât, par la nature de la punition, avec des hommes pervers, rebut de la société, qui peuplent les prisons. Plusieurs des honorables membres du côté droit, M. de Serre lui-même, parurent s'offenser d'une pareille supposition. La destination spéciale d'un local séparé, dans une prison commune, ne semblait pas devoir établir une ligne de démarcation suffisante ; il fut à peu près convenu qu'une maison particulière (on alla jusqu'à nommer l'hôtel Bazancourt) serait affectée aux condamnés de la politique : en attendant que les dispositions nécessaires aient été faites, le *corridor Rouge* de Sainte-Pélagie devait leur être exclusivement consacré. On nous a fourni l'occasion de nous assurer par nous-mêmes de la manière dont ces promesses parlementaires ont été remplies ; les

premières lignes de cette description suffi-
raient pour le faire connaître.

Le corridor Rouge se compose de 23
cellules (je suis déterminé à ne point prononcer le nom de *cachots*); toutes sont oc-
cupées, le plus grand nombre par deux personnes, et cependant il ne se trouve en ce
moment dans ce corridor que treize détenus pour délits politiques; on en conclura
sans doute qu'on a jugé à propos d'y introduire des condamnés d'une autre espèce ,
mais du moins que chacun des détenus
de la première catégorie a la jouissance
exclusive des huit pieds carrés que l'on
appelle sa chambre; cependant il n'y a de
vrai que la première partie de cette conclu-
sion.

Il est six heures du matin , j'entends
rouler mes verrous, et je puis me promener
dans notre corridor. J'en vois ouvrir successivement toutes les portes, et je m'amuse
à observer les détails du lever des prison-

niers, moins somptueux, sans doute, mais peut-être plus gai que celui des Tuileries. La vieille laitière arrive : chacun vient remplir, d'un lait éclairci par l'eau de la Seine, un vase d'une terre moins précieuse que celle que l'on colore à Sèvres; de tous côtés les petits réchauds s'allument, le lait et le café bouillonnent ; quelques prisonniers déjeunent; d'autres, la pipe à la bouche, arpentent le corridor à grands pas d'un air sinistre ou rêveur; ceux-ci jurent, ceux-là chantent, et la chanson qu'ils fredonnent indique presque toujours l'idée dominante qui les occupe. Si cette observation est vraie il suffirait peut-être de dire que les refrains patriotiques de notre célèbre Béranger sont presque les seuls que j'aie entendus pendant mon séjour à Sainte-Pélagie, pour faire connaître le caractère et l'opinion de mes compagnons d'infortune : mais quelquesuns d'entre eux se distinguent par de si nobles traits, par des qualités si brillantes, que je ne puis me refuser au plaisir de tracer leurs portraits tandis que j'ai le modèle sous les yeux. Avant de m'occuper des personnes, jetons encore un coup d'œil sur leur habitation.

J'ai dit que chacune des chambres était trop petite pour y loger sainement un prisonnier, quand la saison ne permet pas d'en tenir la fenêtre ouverte; combien le séjour doit en être insupportable quand on y place un second lit, ce qu'on appelle *doubler* un homme en termes de prison! Rien de plus hideux que l'aspect de ces cellules dans leur état primitif; quatre murailles nues et sales, fermées d'une porte surchargée de serrures et de verrous énormes, éclairées par une petite fenêtre carrée, dont les barreaux épais forment une espèce de rideau de fer qui intercepte une partie des rayons du jour; pour meubles, (à moins d'une autorisation spéciale pour vous en procurer d'autres à vos frais) un lit de sangle, sous le nom technique de *pistole*, une paillasse, une mauvaise couverture, et une espèce de seau dont je dois laisser deviner l'usage nocturne : tel est l'aspect que présente la plus grande partie de ces cellules dont quelques-unes offrent un coup d'œil moins repoussant, grâce à l'industrie ou à l'aisance du prisonnier qui les habite.

Historien exact, je dois dire qu'une des cellules de ce corridor contraste de la manière la plus complète et la plus inattendue avec toutes les autres : c'est celle qu'occupe le lieutenant Gustave L. de B. Si l'on pouvait oublier l'antichambre qui vous y conduit, on croirait entrer dans un boudoir de la Chaussée-d'Antin.

Un de ces rideaux qu'on appelle portière chez les grands seigneurs recouvre l'odieuse porte aussitôt qu'on est entré. Un lit, en forme de divan, décoré avec autant de goût que d'élégance, occupe le fond de cette jolie chambre à deux croisées, que tapisse un papier-mousseline bordé d'une guirlande de roses; un superbe piano d'É-rard fait face au divan; plusieurs tableaux et des portraits de femmes charmantes, dont je crois avoir vu errer quelquefois un des modèles dans le sombre corridor, se répè-tent pour le plaisir des yeux dans les glaces qui occupent deux des panneaux de la chambre et en doublent la grandeur; des rideaux de soie pourpre qui drapent les croisées, et des fleurs dont la tige s'élève le long des barreaux, achèvent de dérober aux regards tout ce qui pourrait ramener à l'idée d'une prison.

On pourra s'étonner d'un luxe si com-plétement étranger aux lois somptuaires en vigueur dans le corridor Rouge, et déjà le mot de *privilége* est sorti de la bouche de mes lecteurs; je me hâte donc de prévenir tout soupçon défavorable à l'impartialité du concierge de la maison, en prévenant que le lieutenant Gustave, bien qu'habitant du corridor Rouge, n'y est détenu à la requête d'aucun procureur du roi, et que ses créanciers seuls l'y retiennent. J'aurai l'occasion de faire connaître, dans le chapitre suivant, par quelle circonstance particulière on a fixé son domicile dans un corps de logis séparé de celui qu'occupent les autres débiteurs.

E. J.

TREIZIÈME CONSOLATION.

PETITE BIOGRAPHIE

DES DÉTENUS DU CORRIDOR ROUGE.

*Est etiam ubi profectò damnum præstet
facere quàm lucrum.*

PLAUTE, *les Captifs.*

(Il y a telle circonstance où la perte
est un avantage.)

IL en est de la prison comme d'une tra-
versée en mer ; un mois de cohabitation
forcée dans une étroite enceinte vous apprend à connaître d'une manière plus intime
des compagnons d'infortune ou de voyage
que n'auraient pu le faire dans le monde

dix ans de rapports habituels. En général
on aime à parler de soi, c'est ce qu'on sait
le mieux, comme dit M. Necker; et quand
on en trouve un prétexte aussi naturel que
celui de prouver l'injustice du traitement
que l'on éprouve, on cède volontiers à une
tentation que chaque jour alimente et re-
nouvelle. Celui qui recueille de pareilles
confidences courrait le risque de n'avoir à
faire que des panégyriques, s'il ne tenait
aucun compte des commentaires particuliers
qu'une bouche plus impartiale manque rarement de lui fournir : j'ai eu ce double avantage ; les hommes dont je vais parler ne
sont encore pour la plupart qu'à l'entrée
de la carrière ; je ne les juge que sur leurs
premiers pas, et j'oserais néanmoins assurer que le reste de leur vie ne démentira
pas les nobles espérances qu'ils ont fait concevoir.

Je commence par M. Magallon ; son in-

fortune a marqué sa place dans cette petite
biographie.

MAGALLON (Dominique), né à Bagnols,
a fait ses études successivement aux lycées
de Nîmes, de Grenoble, de Toulouse et
d'Aix, où il a laissé la réputation d'un
homme de mœurs aimables et d'un esprit
supérieur. L'amitié l'unit dès l'enfance à
M. Victor Augier, avocat à Valence et
gendre de M. Pigault-Lebrun : ces deux
jeunes gens, que dominait également la
passion des lettres, eurent ensemble l'idée,
en 1814, de fonder une académie de poëtes
méridionaux, sous le nom de *Société des
Troubadours réunis de Vaucluse.* Cette
association fut reconnue du gouvernement.
Dans les premiers cahiers de ses produc-
tions, que M. Magallon publia, on avait
remarqué, parmi des poésies agréables,
quelques morceaux pleins d'énergie qui
annonçaient dans leurs jeunes auteurs cet

amour brûlant de la patrie et de la liberté que MM. Magallon, Augier, Barbaroux et Barginet, principaux membres de cette société, ont manifesté depuis avec plus d'éclat.

Les Troubadours réunis sont maintenant dispersés ; la plupart ont quitté leur poétique patrie, et quelques-uns, à la première fleur de l'âge, jouissent déjà des honneurs de cette persécution que la haine puissante réserve pour l'ordinaire aux talens consommés.

M. Magallon, dont le caractère se forme de l'assemblage de toutes les vertus civiles et domestiques, a déjà fait preuve d'un talent poétique très-distingué : sa manière se rapproche de celle de Parny. Douée d'une sensibilité vraie et d'une imagination vive, son âme s'ouvre facilement aux douces inspirations d'un génie heureux et facile.

Conduit à Paris par un désir impatient de gloire, si naturel à la jeunesse et au talent, M. Magallon venait de contracter un heureux mariage et sentait la nécessité de se faire un état de la littérature : il avait acquis la direction de *l'Album*, journal littéraire dont le succès de vogue ne tarda pas à exciter la surveillance des commis à la douane de la pensée. *L'Album* attaquait surtout avec force une secte indestructible, dont la colère des peuples et des rois croyait avoir fait justice, et qui s'efforce de ressaisir dans l'ombre le sceptre monacal que la philosophie arracha de ses mains.

Telle fut sinon la cause des malheurs de M. Magallon, du moins le prétexte d'un traitement dont la férocité sans exemple ne pourrait rester impunie sans attester l'oubli des lois, et le triomphe de l'arbitraire.

M. Magallon fut arrêté comme propriétaire-éditeur de *l'Album*. M. Dumesnil, l'un des hommes les plus courageux et les plus spirituels d'une époque si fertile en esprit et en courage, se reconnut auteur des arti-

cles dirigés contre cette association mysti-
que où il croit retrouver l'esprit et les
principes des fils de Loyola. M. Dumesnil
fut condamné à un mois, et M. Magallon à
treize mois de prison : c'est pour le fait de
cette condamnation que ce dernier avait été
transféré à Sainte-Pélagie, où il partageait
l'étroite cellule de son jeune ami M. Barginet, de Grenoble.

Le 21 avril, jour de notre entrée à Sainte-
Pélagie, nous avions été reçus par cet excellent jeune homme, et nous comptions au
nombre des consolations que nous pouvions
trouver dans ce séjour le plaisir de nous y
rencontrer avec lui. Le lendemain, à cinq
heures du matin, M. Magallon est arraché
des bras de son ami, et on lui apprend
qu'il va être transféré dans l'ignoble prison
de Poissy. Il recueille toutes les forces de
son âme, serre son ami contre son cœur,
et descend entre les deux guichets où l'at-
tendent des gendarmes qui s'emparent de lui.

Croira-t-on que le fait qu'il me reste à raconter se soit passé en France , dans un pays renommé pour sa civilisation , sous un gouvernement constitutionnel, chez un peuple fier de ses lois et de sa liberté dont il parle sans cesse? Croira-t-on qu'un jeune homme de caractère et de mœurs irréprochables , puni avec une extrême sévérité pour un délit dont il avait pu ne pas soupçonner l'importance , qu'il n'avait aggravé par aucune résistance, par aucun murmure, ait été enchaîné avec un forçat couvert d'une *lèpre hideuse* , qu'il ait été contraint de traverser Paris à pied, et de faire en cet état une route de sept lieues avec un misérable qui n'a pas cessé de faire retentir sur son passage le cri de *vivent les galériens !* qu'arrivé à Poissy, mourant de honte et de désespoir, M. Magallon ait été revêtu de la livrée du crime, contraint aux mêmes travaux, aux mêmes privations, à la même vie enfin que les malheureux enfermés dans cette sentine de vices et de corruption? Ce fait est vrai; il est attesté par les bouches les plus pures, par des témoins irrécusables; il soulève l'indignation générale, mais l'attention publique est détournée par des fêtes, et M. Magallon reste à Poissy.

Rapprochons du moins dans cet écrit deux amis si cruellement séparés.

BARGINET (Alexandre), né à Grenoble, élève national du lycée de cette ville, et maintenant âgé de vingt-cinq ans, débuta à quinze ans et demi dans la carrière des lettres. Quelques avantages obtenus sur les Autrichiens qui entouraient Grenoble en 1815 enflammèrent la jeune imagination du petit lycéen; il improvisa, dans la nuit même qui suivit ce succès, sous le titre *les Autrichiens à Montmeillant*, une petite pièce en vaudeville, dont la représentation, ordonnée par les autorités civiles et militaires, fut reçue avec transport par les

compatriotes de Barginet qui le deman-
dèrent à grands cris. L'enfant-auteur fut
amené sur la scène, où le public lui prodi-
gua tous les genres d'encouragement et de
félicitation.

Depuis ce moment Barginet s'occupait de littérature et avait commencé des
études sérieuses que vint interrompre le
retour de l'île d'Elbe. Une particularité
singulière, et d'autant plus remarquable
qu'elle se rattache au plus grand événement
du siècle, c'est que le jeune Barginet, sur
la route de Lamure à Vizille, eut avec Napoléon une conversation de quelques minutes, dans laquelle le petit écolier donna
à l'homme des prodiges (comme l'avait
baptisé M. de Fontanes) des renseignemens
topographiques qui déterminèrent Napoléon
à se rendre le soir même à Grenoble.

Barginet suivit l'empereur à Paris (qu'on
n'oublie pas qu'il n'avait que seize ans alors);
il y reçut un brevet d'admission à l'école

militaire de Saint-Cyr, comme élève national, et fut même dispensé de fournir le
trousseau, formalité jusqu'alors indispen-
sable; mais il préféra entrer dans le régi-
ment des flanqueurs corses venus de l'île
d'Elbe avec Napoléon; il y fit la terrible
campagne de 1815, et fut blessé à Wa-
terloo.

M. Barginet, arrivé à Paris, en 1817,
pour y reprendre le cours de ses études,
publia successivement plusieurs écrits qui
tous attestent un esprit indépendant, un
cœur noble et un talent flexible : je cite-
rai ceux qui ont obtenu le plus de succès.

La *Guerre de trois jours*, poëme en trois
chants, à l'occasion de l'affaire de M. Ba-
voux.

*Généalogie critique et littéraire des
maisons de Croï - Chanel et de Croï-
d'Havré. — La Nuit de Sainte - Hélène.
— L'Apocalypse de 1821. — De la reine
d'Angleterre et de Napoléon Bonaparte,*

*tous deux morts d'un cancer à l'estomac.
— Considérations politiques et religieuses
sur l'émancipation des Grecs.*

La dernière brochure, publiée par
M. Barginet, a pour titre : *Histoire véritable de Tchen-Tchéou-li*, mandarin let-
tré. Elle offrait sous des noms chinois l'histoire d'un ministre aujourd'hui disgracié et
des personnages qui ont eu le plus de part
à son administration.

C'est pour la publication de cette satire
allégorique que M. Barginet a été condamné
à quinze mois de prison et à 3,ooo francs
d'amende.

Conduit à Sainte - Pélagie, c'est dans le
corridor de la *Détention*, qu'il a vu s'é-
couler les cinq premiers mois de sa captivité ; il fut forcé d'y revêtir le honteux
costume réservé aux malfaiteurs, et réduit à
boire l'eau fétide, à manger le pain noir
que l'on accorde aux prisonniers.

M. Barginet a enfin obtenu la faveur de

descendre dans le corridor Rouge; il s'y occupe d'un recueil de *Traditions dauphinoises*, qu'il a l'intention de publier sous le titre de *Montagnardes*. Ce sont des petits poëmes en prose, dans le genre d'Ossian, dont les sujets lui ont été fournis par l'histoire traditionnelle de son pays et qui ont été esquissés sur les lieux mêmes où se passe l'action. Il paraît que ce nouveau Macpherson, à l'aide de beaucoup de recherches archéologiques et de quelques études de la langue *romance*, pourra parvenir à donner une idée de la poésie des *Allobroges* et des *Voconces*, anciens habitans des Alpes, qui (de même que tous les peuples des pays de montagnes) ont conservé jusqu'à ce jour quelque idée générale des mœurs primitives. Cet ouvrage est digne d'occuper l'imagination et la plume patriotique du plus jeune habitant du corridor Rouge.

Si l'on conçoit qu'à l'époque où nous

vivons, les rigueurs de la loi sur la presse tendent à arrêter l'essor des jeunes gens emportés par des idées de gloire et d'indépendance, au milieu desquelles ils ont été nourris, on s'explique plus difficilement les sévérités judiciaires dont les hommes de l'âge et du caractère de M. Bonnin peuvent être victimes.

J-.B. BONNIN n'a pas moins de cinquante ans; il est né à Paris où il a fait de fort bonnes études sous les professeurs les plus célèbres de l'époque. Il allait embrasser la profession de médecin lorsque les événemens de la révolution le jetèrent dans la carrière politique, où il se fit connaître par plusieurs ouvrages qui lui ont assigné un rang honorable parmi les publicistes. En 1795, il publia ses *Réflexions sur Montesquieu*; en 1798, sa *Réfutation des systèmes des publicistes*, ou *Examen des causes de la société et du droit naturel*; en

1805, sa *Manière d'étudier les lois;* en 1806, une brochure sur le Concordat et la loi organique des cultes.

Ce ne fut qu'en 1807, à l'âge de trente-cinq ans, que M. Bonnin mit au jour ses *Principes d'administration publique;* cet ouvrage, en 2 volumes in-8º., eut trois éditions dans le cours de deux années. Il fit paraître successivement un *Traité du droit naturel de l'homme et des nations,* un vol. in-8º.; *des Considérations politiques et morales sur les constitutions,* un volume; *Histoire de la révolution européenne,* un volume in-8º.; sa lettre à Volney sur les *Élémens naturels de la chronologie et la doctrine sociale,* parut en 1820 et fut traduite en espagnol et en portugais par ordre des cortès auxquelles il l'avait adressée.

Ce fut en 1821 qu'il publia ses ÉTUDES LÉGISLATIVES, composées de la réunion des *Systèmes des publicistes* et de la *Manière d'étudier les lois,* qui avaient paru plusieurs années auparavant, et auxquels il s'était contenté de joindre un morceau nouveau sur la *Nécessité de l'étude des discussions législatives* dans les assemblées nationales de France, comme sources de la législation positive.

Ce dernier écrit amena M. Bonnin devant les tribunaux, où il se vit, avec surprise au moins, condamné à treize mois de prison et à 3,000 francs d'amende, pour avoir porté atteinte à la morale religieuse dans un passage où il avait été amené à parler des religions en elles-mêmes, et à leur opposer la morale pure et simple comme élément de la véritable politique. On aurait de la peine à faire entendre à M. Bonnin que les jésuites, du fond de leur tombeau, soient entièrement étrangers à l'arrêt qui le ruine et l'envoie passer treize mois en prison pour un écrit publié vingt-quatre ans avant sa condamnation. M. Bonnin, dont le nom n'est pas sans quelque rapport avec son caractère, est un citoyen paisible, inoffensif, un père de famille estimable, un écrivain instruit, laborieux, dont la conscience, la raison, la probité, ont constamment dirigé la plume, et cependant il est à Sainte-Pélagie!..... Peut-être suis-je encore plus étonné d'y trouver...

LE PAGE (Marie-Augustin), fils de M. Le Page, arquebusier de l'empereur, et né à Paris en 1790.

Il avait dix-huit ans, et venait d'achever ses études au lycée de Versailles, où il laissait la réputation d'un des meilleurs élèves de cet établissement, quand il partit pour l'Espagne en qualité de sous-officier : deux ans après il entra dans les fusiliers de la garde. Sa faible santé le força d'accepter son congé de réforme au commencement de 1812.

Il allait rejoindre son oncle maternel (M. Deslandes, secrétaire intime du roi Joseph Napoléon), quand il apprit à Bayonne que cet oncle, homme de beaucoup d'esprit et de mérite, sorti de Madrid sous l'escorte d'un riche convoi, avait été massacré à quelques lieues d'Hiéron, dans les bras de sa femme, née Aranza, fille de l'intendant de Catalogne. (Je me suis souvenu que cette scène déplorable était un des épisodes les plus touchans du beau tableau du général Lejeune.) Madame Deslandes fut traînée six mois à la suite de Mina, contre la sœur duquel cette dame fut enfin échangée. C'est encore une circonstance à remarquer que ce même Mina, quelques années après, fut renfermé dans ce corridor Rouge de Sainte-Pélagie, où le neveu de madame Deslandes se trouve en ce moment.

Après un séjour de quatre ans à Naples chez un de ses parens, receveur-général de la province de Bari, Augustin Le Page revient à Paris en 1816, demande, comme le barbier Figaro, de quoi il est question ; et

comme on l'assure que la presse est libre,
à condition qu'on ne parlera ni de politique,
ni de philosophie, ni de religion, il achète
le Courrier des Spectacles; se fût-il mis une
pierre au cou! On l'accuse d'avoir parlé, ou
d'avoir laissé parler de politique par ALLU-
SION, et le tribunal le condamne à un mois,
puis à deux, puis à six mois de prison. Le
seul titre littéraire dont M. Le Page veuille
se prévaloir est une chanson en vingt-quatre
couplets, intitulée *la Journée du Lycéen,*
dont huit colléges se sont disputé la palme.
De tous les détenus à Sainte - Pélagie pour
délits politiques, M. Le Page est sans doute
celui qui doit se plaindre et s'étonner davantage de s'y trouver : l'urbanité de ses
mœurs, la sagesse extrême de ses opinions et
la douceur de son caractère semblaient le
mettre à l'abri de toute espèce de démêlé
avec la police : comment se fait-il qu'il soit à
Sainte - Pélagie ?

Je ne ferai pas la même question à propos de

M. MARCHAND. Ce jeune homme, âgé
de vingt-cinq ans, riche, instruit, spirituel et modeste, a été condamné à six
mois de prison pour le fait de lettres écrites
aux jurés dans l'affaire de la Rochelle. Il
importe peu qu'il se soit conduit dans son
procès avec une grandeur d'âme dont il y
a peu d'exemples; qu'il ait pris sur lui seul
toutes les charges d'une accusation à laquelle il pouvait, dit-on, rester étranger;
qu'il soit dans sa prison un modèle de rési-
gnation, de bonté et de bienfaisance; qu'on
puisse citer de lui les traits les plus honorables; la justice n'avait rien à voir à toutes
ces qualités de son esprit et de son cœur;
elle avait à prononcer sur une action que
la loi condamne, et dont M. Marchand s'est
reconnu l'auteur.

Quant à M. CHAUFARD (Michel), élève en pharmacie , âgé de vingt-quatre ans, convaincu d'avoir crié de toutes ses forces VIVE MANUEL ! sous les fenêtres de ce député le 3 mars 1823 , j'avoue qu'il faut tout le respect que j'ai pour la justice, et toute la déférence que je porte à ses décisions pour ne pas trouver un peu sévère la punition de huit mois de prison infligée à ce pauvre petit jeune homme , pour une action que je crois, en mon âme et conscience , d'autant plus innocente en elle-même que je l'ai commise cent fois ; et que je me sens toujours prêt à m'unir, de cœur et d'intention , à tous ceux qui crieront *vive Manuel, vive la Charte , vive la France , la gloire et la liberté !*

Si j'ajoute aux six personnes que j'ai déjà nommées un autre jeune *manuéliste* [1], le libraire Lhuillier , dont la pénible situa-

___

[1] C'est le nom qu'on donne à Sainte-Pélagie au

tion doit exciter l'intérêt, et trois militaires
dont l'éloge est ici dans toutes les bouches
et dans tous les cœurs, on connaîtra non
pas tous les habitans du corridor Rouge,
mais du moins tous ceux qui s'y trouvent
détenus pour délits politiques. Je ne veux
cependant pas terminer cette petite biographie sans faire mention, comme je l'ai pro-
mis, d'un de nos plus aimables commensaux,
qu'une mesure particulière a séparé des prisonniers pour dettes, qui habitent un autre
corps de logis.

GUSTAVE L. DE B., ex-lieutenant de cava-
lerie et membre de la Légion-d'Honneur,
partit pour l'Amérique deux ans après le
licenciement de l'armée de la Loire. De re-

---

jeunes gens condamnés pour le même fait que M. Chaufard. Je ne dois pas oublier de dire que deux autres ma-
nuélistes sont détenus dans le corridor de la détention.
(Voy. la onzième consolation, page 159.)

tour à Paris, et lancé dans un monde brillant, où le goût du luxe, le penchant aux plaisirs l'entraînèrent à des dépenses excessives, le désordre se mit bientôt dans ses affaires, et lui fit accueillir tous les projets que des amis dangereux lui présentèrent comme moyens de les réparer : l'un lui fit partager le plan d'une spéculation qui accéléra sa ruine ; et l'autre, en l'initiant aux mystères du jeu de la Bourse, ouvrit l'abîme où s'engloutit bientôt la plus grande partie de sa fortune : sa perte consommée, ses amis l'abandonnèrent, comme c'est l'usage, et le livrèrent aux fureurs de ses créanciers.

Arrêté pour dettes en décembre 1820, il fut conduit à Sainte-Pélagie, et conçut quelques jours après un projet d'évasion qu'il ne tarda pas à réaliser.

Gustave n'avait pas tout perdu : il lui restait un ami qui venait chaque jour le consoler dans sa retraite. Il le mit dans la confidence de son projet, et, grâce aux soins de l'amitié la plus active et la plus ingénieuse, le succès couronna son entreprise. Gustave parvint à s'évader de Sainte-Pélagie le 13 janvier 1821, par un moyen qui ferait honneur à l'imagination de l'auteur dramatique le plus habile, et se mit à l'abri de toutes les recherches chez celui qui l'avait aidé à recouvrer sa liberté. M. S***, cet ami dévoué, redoubla de soins et de zèle pendant les dix jours que Gustave resta sous sa garde; mais celui-ci, craignant d'abuser de l'hospitalité généreuse qu'il recevait avec tant de reconnaissance, prit le parti de s'expatrier une seconde fois et de retourner en Amérique.

Le jour même fixé pour son départ il s'était arrêté dans un café; il lisait les papiers publics. Un de ses amis d'autrefois le reconnut et l'appela par son nom. Ce nom, dont les journaux avaient retenti depuis quelques jours, frappa l'attention d'un de ces misérables dont l'infamie est devenue une profession; il suivit le fugitif, et dès qu'il se fût assuré du lieu où le lieutenant Gustave allait attendre sa chaise de poste, il courut en hâte à Sainte-Pélagie et vendit pour deux mille francs au concierge de cette maison le secret de la retraite de son prisonnier, qui fut arrêté de nouveau au moment où il montait en voiture et reconduit en prison.

Au bout d'un mois d'une surveillance également incommode pour le concierge de Sainte-Pélagie et pour le prisonnier, celui-ci consentit à descendre au corridor Rouge, où il est rétabli dans tous les priviléges dont jouissent les détenus pour dettes.

Quelques mois après sa réintégration à Sainte-Pélagie, Gustave fit à ses créanciers des propositions qui furent assez bien accueillies; déjà même il se flattait d'obtenir sa liberté. Un seul écrou cependant effrayait ses espérances, c'était celui d'une jeune et jolie créancière ; elle croyait se venger ainsi de l'infidélité d'un aimable débiteur qui n'avait pas cessé d'être son esclave; aussi lui adressa-t-il les vers suivans :

A la plus jolie des créancières.

En dépit de tout mon courroux,
C'est à toi que j'écris, mon ange;
Toi qui me tiens sous les verroux
Pour me punir de cette erreur étrange
Qui me fit te signer plusieurs lettres de change,
Et garder l'anonyme au bas des billets doux.
Dans mon âme flétrie, éteinte,
Le plaisir fait place aux remords,
Et j'ai lu chacun de mes torts
Sur chaque mur de cette enceinte.
Ah! fallait-il une contrainte
Pour te donner prise de corps?

La colère de Mme. A. F. ne tint pas contre cette réparation ; le lendemain elle se rendit à Sainte-Pélagie et signa la levée de l'écrou : on ne m'a pas dit à quelles conditions.

Mais les négociations entamées avec les autres créanciers n'eurent pas une aussi favorable issue, et Gustave prit dès lors la résolution de ne plus sortir qu'au terme de la loi du *séjour quinquennal*. Voilà deux ans qu'il vit au *corridor Rouge*, partageant son temps entre la musique, la littérature, et la société de *la plus aimable créancière*.

J'avais besoin de faire connaître individuellement chacun de mes compagnons de captivité, pour être autorisé à dire qu'il est rare à Paris même de réunir dans le même salon des hommes plus spirituels, plus aimables et de meilleure compagnie, dans toute la force du mot.

Quelque certitude que j'aie acquise par l'exemple de M. Magallon des traitemens odieux auxquels ils sont exposés, la place qu'occupe M. Franchet doit leur donner l'espérance d'un meilleur avenir;

Il connut le malheur et doit y compatir.

M. Franchet pourrait-il avoir oublié qu'il fut arrêté par ordre du conseil d'état, le 15 février 1811 ; qu'il fut conduit à Sainte-Pélagie et qu'il passa trois ans au corridor Rouge ? Il est vrai qu'il n'était accusé que de correspondance secrète avec l'étranger ; mais enfin cela passait alors pour un délit politique de la nature la plus grave, et l'on frémit de penser que sous le gouvernement ombrageux où nous vivions alors, une action aussi simple aurait pu être considérée comme un crime d'état.

Grâce au ciel, M. Franchet a été victime d'une simple mesure administrative, et le directeur de la police d'alors n'a point aggravé sa peine ; du moins je n'ai point entendu dire qu'il ait été mis à la détention, qu'on lui ait refusé la *pistole*, qu'on l'ait forcé à revêtir la veste bicolore, ni même qu'on l'ait obligé de travailler huit heures par jour à éplucher de la laine ou du coton.

Quoi qu'il en soit, M. Franchet, emprisonné par ordre de Napoléon, fut mis en liberté en vertu d'un ordre signé ALEXANDRE, *empereur de toutes les Russies.* Consolez-vous donc, pauvres détenus pour délits politiques : M. Franchet est directeur général de la police!

E. J.

QUATORZIÈME CONSOLATION.

VISITE DE NOTRE AVOCAT.

Nous venons de recevoir la visite de M. Dupin, notre avocat. Nous avons embrassé cordialement l'éloquent défenseur de tant d'illustres victimes de nos dissensions politiques. Il regrettait d'avoir échoué dans notre affaire; mais nous voyant très-peu disposés à nous plaindre, il abandonna ce sujet et me dit, en jetant les yeux autour de lui : « Voilà donc ce qu'on appelle le salon de compagnie ? les meubles n'en sont pas somptueux, et les dames qui vous rendent visite doivent trouver ces siéges un peu durs. Mais savez-vous qu'il n'est pas facile de parvenir jusqu'ici ? Il faut presque autant de formalités pour voir un prisonnier que pour aller soi-même en prison. »

— Je le sais ; les verrous de Sainte-Pélagie seraient restés inflexibles, si vous n'aviez été muni d'un papier signé Cléau, qui vous octroie la liberté de passer sous le guichet. On a dû prendre votre signalement : yeux vifs, nez gros, petite bouche, et le reste.

— Justement ; mais ce qui m'a surpris, c'est qu'au lieu de me donner une seule permission pour vous voir tous les deux, on m'ait obligé d'en prendre deux. Ce double emploi m'a paru inutile ; je l'ai fait observer à M. Cléau qui n'a tenu compte de la remarque, et qui s'est contenté de sourire en me demandant soixante et dix centimes pour le timbre.

— Vous voyez bien que c'était pour obtenir de vous quatorze sous au lieu de sept qu'on a doublé votre permission. Les parens mêmes du détenu sont soumis à cet impôt. Une mère ne peut venir pleurer avec son fils, une femme ne peut embrasser son mari sans la permission de M. Cléau et sans avoir soldé son compte. Le fisc spécule sur la tendresse et sur l'amitié, sa pompe aspirante est toujours en mouvement. Mais vous, qui êtes l'oracle de notre barreau, et qui parcourez sans vous égarer le dédale de nos lois, dites-moi, je vous prie, si cet impôt d'une nouvelle espèce est bien légal.

— Je suis sûr du contraire, et en voici les raisons : la loi sur le timbre porte que cette *contribution* s'établit sur tous les papiers destinés aux actes civils et judiciaires, et aux écritures qui peuvent être produites en justice et y faire foi. On ne peut donc légalement appliquer la loi du timbre à d'autres actes. Cela est si vrai qu'il a fallu des lois spéciales pour l'étendre, par exemple, aux billets de loterie.

— Voilà donc un abus de pouvoir bien constaté, une contribution illégalement imposée, et quelle contribution! Vendre les droits qu'on tient de la nature! vendre à un fils le droit de consoler son malheureux père! Ne vous y trompez pas; cet impôt, librement voté par la police, rapporte des sommes considérables.

— Cela doit être. En quittant M. Cléau, et en traversant la pièce qui précède son bureau, j'ai vu qu'elle était remplie d'hommes et de femmes couverts des haillons de la pauvreté. Ils venaient déposer entre les mains de l'employé de l'administration de la police les trente-cinq centimes qui auraient acheté le pain de la journée. Si l'on considère la foule des détenus qui peuplent les prisons de Paris, le nombre encore plus

grand des visiteurs, surtout depuis la loi
sur la liberté de la presse, on se convaincra
facilement que l'impôt des permissions tim-
brées doit produire une assez forte somme.
Je regarde cette perception comme un abus,
et j'avais presque envie de dire à M. Cléau :
Mais, franchement, monsieur, il vaudrait
mieux mettre sur votre porte *bureau du
timbre* que *bureau des prisons.*

— M. Cléau n'y peut rien. Il remplit
son petit ministère avec conscience, et même
avec politesse. La responsabilité doit tomber sur ceux qui, sans le concours de l'autorité législative, ont étendu arbitrairement
la perception de cette contribution. Mais je
parle de responsabilité comme si ce mot
n'était pas vide de sens aujourd'hui. Peut-
être reprendra-t-il plus tard quelque
signification. En attendant l'abus subsiste,
et vous ne pourrez voir un prisonnier sans
payer sept sous à M. Cléau.

J'en étais là de ma conversation avec M. Dupin, lorsque mon compagnon de captivité prit la parole. « Nous n'en finirions pas si nous voulions parler d'abus. » Laissons M. Dupin satisfaire sa curiosité. Il semble regarder avec attention quelques-uns des détenus pour dettes qui dans ce moment occupent notre cour, ou, si vous l'aimez mieux, notre jardin.

— Quoi! c'est là votre jardin?

— Oui : la jouissance en est partagée. La politique s'y promène depuis six heures du matin jusqu'à midi ; alors la dette s'en empare, et ne le quitte qu'à quatre heures. Depuis ce moment, jusqu'à sept heures, la politique peut y rêver à son aise.

— Dites-moi, je vous prie, quel est ce vieillard à cheveux blancs, d'une physionomie distinguée, vêtu d'une redingote bleue. Je le vois qui se promène seul d'un air assez triste,

— C'est M. le marquis de la Roche-Aymon dont le procès en interdiction a fait quelque bruit dans la société. C'est un lieutenant-général qui, dans les temps les plus orageux , a servi la cause royale avec dévouement. Son fils est pair de France , ses parens occupent à la cour de hautes charges , et il est à Sainte-Pélagie.

— Je plains ce vieillard , il a l'air vénérable et résigné.

—Il inspire de l'intérêt à tous ceux qui le voient. Mais il ne vient point ici d'hommes de cour. M. le marquis de la Roche-Aymon ne serait pas à Sainte-Pélagie s'il appartenait à une riche famille de plébéiens.

—Ces détenus sont-ils assujettis aux mêmes mesures de précaution que les autres prisonniers ?

— Le traitement est le même à quelque chose près. Il ont de plus que les autres la faculté de recevoir indistinctement dans leur chambre tous ceux qui leur rendent visite. Mais on les surveille avec une attention d'autant plus scrupuleuse que le concierge de la maison est responsable envers les créanciers du montant de la dette de celui qui parviendrait à s'évader, et cette responsabilité est plus sérieuse que celle des ministres.

— J'aperçois parmi eux des hommes qu'à leurs manières et à leurs vêtemens on prendrait pour de simples ouvriers.

— Vous ne vous trompez pas. Il est tel de ces prisonniers qui n'est détenu que pour cent cinquante ou deux cents francs. La contrainte par corps n'avait pour objet que la sûreté du commerce, et parmi ces deux cents prisonniers vous ne trouverez peut-être pas dix commerçans. Ceux-ci sont trop adroits pour se laisser arrêter; ils savent comment on transige avec des créanciers. La rigueur de la loi ne tombe généralement que sur des hommes étrangers aux affaires, et qui ont eu l'imprévoyance d'endosser et de signer des lettres de change. C'est ce qui était arrivé à M. le marquis de Montchenu.

— Qui donc? le marquis de Montchenu, commissaire du gouvernement français à Sainte-Hélène?

— Lui-même en personne; ses créanciers ne lui ont pas tenu compte du voyage qu'il a entrepris, et l'avaient inhumainement écroué à Sainte-Pélagie. Je dois ajouter, pour l'honneur de qui il appartient, qu'il n'est resté que trente-six heures en prison. Si je ne craignais de vous donner une mauvaise idée de mon caractère, je vous dirais que j'ai regretté qu'il fût sorti de cette maison lorsque j'y suis entré; je n'aurais pas été fâché de voir la figure que faisait en prison un homme qui doit si bien se connaître en captivité.

—Son captif a bien souffert dans sa pri-

son. Mais vous , comment vous trouvez-
vous de la vôtre?

— Personnellement nous aurions tort de
nous plaindre. Nous devons au concierge
de Sainte-Pélagie cette justice, qu'il n'a
rien fait pour aggraver notre position ;
il est même probable que les abus que
nous avons remarqués dans le régime de la
prison seront pris en considération par
l'autorité. J'en juge par une conversation
particulière que j'ai eue avec M. Bonneau,
l'inspecteur général. Il serait difficile de
montrer plus d'humanité et d'amour de la
justice. Mais, si les obstacles viennent de
plus haut, il échouera.

— Que nous veut ce gardien qui s'avance
vers nous ?

— Il vient nous avertir que les heures
consacrées à la réception de nos amis sont
écoulées. Nous allons vous accompagner
jusqu'à cette porte ; vous nous excuserez si

nous n'allons pas plus loin. Baissez - vous
pour sortir.

— Ne faudrait-il pas se baisser beaucoup
plus pour ne pas entrer ?

A. J.

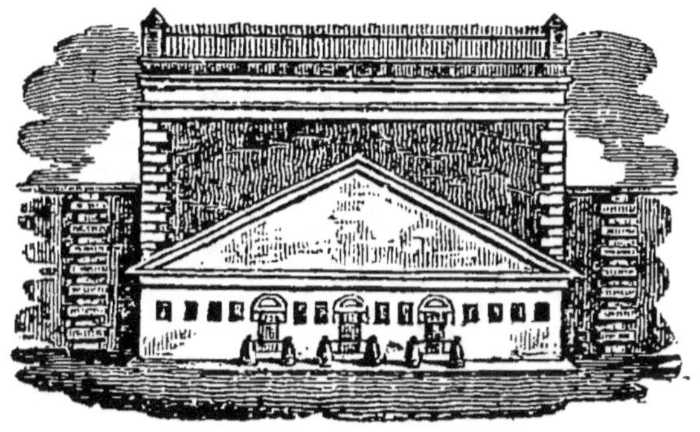

Sainte - Pélagie.

N°. XV. — 4 *mai* 1823.

QUINZIÈME CONSOLATION.

POT-POURRI PHILOSOPHIQUE.

N'EST-IL pas vrai que le corps d'un homme ne peut se trouver que sur un point à la fois? Qu'importe donc que ce point unique soit indiqué par le caprice de l'individu, ou par celui de quelques gens vêtus d'une simarre et coiffés d'un mortier? La chose importante, en quelque lieu que vous soyez, c'est d'y être bien avec vous-même.

L'emprisonnement (dégagé, il est vrai, des souffrances physiques de toute espèce dont les exécuteurs de notre code Draco-

nien ont su l'enjoliver) n'est que l'obliga-
tion de séjourner dans le même endroit,
aussi long-temps qu'il plaît à ceux qui vous y
envoient. Cette contrainte est bien peu de
chose pour l'homme dont la vie est dans la
pensée. N'est-ce pas dans l'isolement que
l'âme apprend à connaître toute sa puissance; que l'esprit, forcé de se replier en
tous sens sur lui-même, s'interroge, se pénètre, et, comme aurait dit Montaigne, se
tâte dans tous les points?

Donnez donc aux écrivains de bonnes
lettres de cachet, de bons bûchers, de
bonnes geôles; le talent périt faute d'orages,
comme les vaisseaux dans un calme plat.

— Qu'est-ce que le talent et même le
génie? La faculté de tirer au profit des
autres des jouissances nouvelles de ses études, de ses souvenirs et de ses impressions.
Comment arriver à cette possession entière
de son être moral sans se concentrer en
soi-même? sans créer, si j'ose m'exprimer

ainsi, le *vide* autour de soi ? Tous ces avantages, la prison vous les procure ; on convient assez généralement que les tribunaux ne l'épargnent point aux gens de lettres : donc les tribunaux tendent à multiplier en France les hommes de génie et de talent. Je ne serais pas étonné, cependant, que ceux-ci se crussent dispensés de la reconnaissance.

— La réputation est une sorte d'existence où l'on n'est pas. La prison, l'absence ou la mort, ajoutent toujours quelque chose à la meilleure ou à la plus mauvaise réputation.

— Il y a des gens d'une nature si indulgente qu'ils ont besoin d'une grande injustice pour se déterminer à haïr : jusque-là le mépris leur suffisait.

— Si les occasions de faire des malheureux sont très-fréquentes pour les hommes puissans, on conviendra que ceux de notre époque n'en laissent échapper aucune.

— Sir William Jones parle d'un pays,

sur les bords de l'Indus, où , tous les dix ans , les jugemens des tribunaux sont révisés par un conseil suprême. Les condamnés peuvent s'y porter accusateurs de leurs juges, et s'ils parviennent à prouver leur innocence, les magistrats, à leur tour, subissent l'arrêt qu'ils ont rendu. Sir William observe que le tribunal suprême n'est jamais convoqué, circonstance, ajoute-t-il , qui ferait infiniment d'honneur aux juges de ce pays s'il y avait quelque exemple de condamné qui survécût dix ans à sa condamnation.

— Quel est le philosophe qui a dit que l'espion de police est un homme prudent et timide qui a pesé tous les inconvéniens de l'état de voleur et tous les dangers du métier d'assassin ?

— Un livre curieux à faire serait celui où l'on indiquerait par quelle échelle de bassesse, d'injustice et d'impudence, le plus médiocre, le plus méprisable et le plus méchant des hommes est quelquefois parvenu à se faire appeler *votre excellence*.

— La Flore française s'est enrichie d'une plante étrangère qui ne fleurit que tous les trente ans; cette plante ressemblerait à la liberté, si cette dernière avait déjà, comme l'autre, fleuri sur notre sol.

—L'avantage et l'inconvénient de la prison, c'est que tout y marque, comme le son le plus léger fait bruit dans le silence.

—On ne parle jamais mieux de liberté qu'en prison. Milton ne travaillait à son Éden que dans une cave; Apollon rendait ses oracles dans un souterrain de Délos.

— D'échos en échos une légère injustice se propage, se grossit, et finit par faire autant de bruit qu'une grande cruauté.

— Les grands espaces nuisent au bonheur; en toutes choses on a besoin de voir ou de sentir des limites : c'est pour cela que Milton imagine un paradis d'une petite étendue, et un enfer immense.

— Terminons cet article, où l'on ne trouvera d'autre liaison que celle du lieu qui les inspire, par une anecdote que le souvenir doublement pénible des frères Faucher rappelle à mon esprit.

Si la ressemblance des frères entre eux a souvent produit des méprises funestes, elle a, du moins une fois, donné lieu à cet exemple d'un dévouement héroïque.

Les frères Montain, tous deux médecins distingués, exerçaient à Lyon, leur patrie, un art où ils s'étaient acquis l'estime et l'amitié de leurs concitoyens, lorsqu'en 1815 tout ce qu'il y avait de Français dans cette ville se fédéra pour opposer au torrent des armées étrangères une défense nationale.

Le docteur Montain aîné se trouva compromis dans une affaire de conspiration, et fut condamné à cinq ans de détention. Il avait déjà passé plus d'un an dans une prison de Lyon, très-malsaine, et dans laquelle il avait contracté des douleurs si vives qu'il avait obtenu d'être transféré à Paris, et d'achever à Sainte-Pélagie le temps de sa détention. En sortant des cachots de Lyon le docteur Montain était perclus au point de ne pouvoir se traîner qu'à l'aide de béquilles.

Son frère l'accompagna dans un voyage qu'allongeait beaucoup la correspondance de gendarmerie, qui ne fait que trois ou quatre lieues par jour : cependant le grand air et l'exercice rendirent quelque vigueur au malade.

Arrivé à Paris, on écroue un docteur Montain à Sainte-Pélagie; les deux frères s'embrassent tendrement et se séparent.

Une semaine s'était écoulée, et le prisonnier venait de recevoir une lettre par laquelle il apprenait que son frère était en sûreté dans une ville de la Belgique; il demande alors à comparaître devant M. le procureur général; celui-ci se rend à la prison, et le docteur Montain lui déclare qu'il est retenu par un acte arbitraire, attendu que ce n'est pas lui, mais son frère qui avait été condamné à Lyon.

L'enquête ordonnée sur-le-champ prouva en effet que le plus jeune des deux frères avait trouvé le moyen, dans la route, de prendre la place de son aîné, et que celui qui avait été écroué à Sainte-Pélagie n'était point celui qu'avait frappé l'arrêt.

On ne trouva dans le code aucune loi qui incriminât cette action généreuse, et les deux docteurs Montain se trouvèrent ainsi rendus à la liberté.

— Les mémoires de Sainte-Pélagie seraient un livre curieux à faire.... *J'y songerai.*   E. J.

SEIZIÈME CONSOLATION.

LES VISITES.

Il n'était que quatre heures du matin ;
j'avais presque aussi mal dormi que si j'eusse
été dans un palais ; immobile, et le coude
appuyé sur ma chétive table de bois blanc,
dont j'ai eu tant de peine à égaliser les quatre supports, la figure exposée de profil aux
premiers rayons du soleil naissant, si ma
bouche eût rendu des sons harmonieux, on
aurait pu me prendre pour la statue de
Memnon ; mais au lieu de chanter, je me
mis à philosopher ; j'avais, par hasard, sous

les yeux une pièce de cinq francs qui me présentait le buste monumental de Sa Majesté, à qui je me permis d'adresser familièrement la parole.

« Sire, dis-je à la pièce d'argent, faites-
» moi l'honneur de me dire si vous êtes
» beaucoup plus libre que moi : V. M., qui
» sait son Horace par cœur, n'a pas besoin
» que je lui rappelle ces deux vers :

> . . . . . . *aliena negotia centum*
> *Per caput*, etc.

» Que d'affaires ! que de devoirs ! que d'en-
» nui ! vous en avez *par-dessus les oreilles*;
» (mille pardons de me servir de cette ex-
» pression vulgaire, mais vous savez mieux
» que personne qu'il n'y a pas d'autre moyen
» de rendre le *per caput et circa saliunt*
» *latus* du texte latin.) Pour moi, sire,
» qui n'ai sur les bras ni la guerre d'Espa-
» gne, ni les ministres de France, ni ceux
» d'Angleterre, ni les ultras, ni les jésuites;

» je me crois et je me trouve en effet plus
» libre qu'un roi dont l'esprit, aussi vaste
» que profond , est forcé de mener de front
» tant d'affaires à la fois, de concilier tant
» d'inconciliables, de désunir tant d'insépa-
» rables, et de conduire une machine aussi
» compliquée sans en briser les ressorts.

» S'il y a quelque chose de paradoxal à
» soutenir que je suis en prison plus libre
» que V. M. sur le trône, il est du moins
» certain que je suis plus heureux. »

Être heureux comme un roi, dit le peuple hébété.
Pauvres fous ! au bonheur que fait la majesté ?

J'étais trop bien lancé dans les hautes ré-
gions de la philosophie pour m'arrêter en si
beau chemin.

La plupart des hommes, me disais-je,
n'ont pas de mouvement qui leur soit propre ; le vent de l'opinion, de la faveur ou
de la disgrâce, les fait mouvoir en tous sens;

c'est une armée dont la volonté n'est pour rien dans les évolutions qu'elle exécute.

Supposez quarante ou cinquante mille pauvres diables contraints d'aller courir quand ils voudraient rester chez eux; marchant, campant, décampant sans cesse; prenant des villes ouvertes ou fermées, des canons troués ou encloués; ces gens sont en prison comme moi; car une prison est un lieu où l'on vous force de rester malgré vous, et de faire ce que vous ne voulez pas; avec cette différence en ma faveur, que je pense et que ces braves gens ne pensent pas. On a beaucoup trop médit de la solitude, et je suis quelquefois de l'avis de Scipion : *Nunquàm minùs solus quàm cùm solus,* disait cet excellent homme, qui sut être un héros et un grand orateur, un homme de génie et un homme modeste. Quels sont les grands moyens de la pensée? le temps, la patience et la méditation : où trouve-t-on plus de *temps* qu'en prison? où s'exerce-t-on

mieux à la *patience?* où se forme-t-on mieux
à la *méditation?* C'est en prison, suivant
la parole sainte, qu'on apprend à employer
le loisir de chaque minute. J'ajouterai que
c'est en prison qu'on apprend à connaître
les hommes.....

J'achevais d'écrire cette dernière phrase,
lorsque mon gardien vient me prévenir qu'on
me demande au salon.

Cette interruption change le cours de mes
idées, et je prévois qu'après avoir commencé ce chapitre par des réflexions sur la
solitude, je le finirai par des observations
sur les *visites.*

. . . .

Je rentre dans ma cellule, après avoir
passé trois heures au salon. Je crois avoir
déjà dit que ce qu'on appelait emphatique-
ment *salon* à Sainte-Pélagie est un parloir
de cinq pieds plus bas que le sol d'une cour
plantée d'arbres rabougris, qui prend à son
tour le nom de jardin. Quatre murailles

nues et sales, éclairées par quelques soupi-
raux, forment cette espèce de galerie, dont
tout l'ensemble consiste en quelques bancs
de bois vermoulu : c'est là que chaque jour,
le jeudi et le dimanche exceptés, nous avons
tenu notre cour plénière. (Qu'on nous par-
donne cette expression en faveur de l'antithè-
se.) D'ailleurs si l'on voulait y voir un mouvement d'orgueil, nous le justifierions en pu-
bliant la liste des courtisans assidus de notre
captivité ; on n'y verrait pas seulement des
guerriers qui ont rempli l'Europe de leur
gloire, des grands orateurs dont la tribune
répète encore les accens, des nobles pairs,
d'illustres étrangers, des médecins, des
hommes de lettres, des artistes célèbres et
des femmes charmantes ; mais on y verrait
aussi, et sur les mêmes bancs, des bonnes
gens, des artisans du quartier, à qui nous
ne devons rien, et qui nous aiment assez
pour perdre un temps précieux à venir
nous rendre visite.

Je vais rarement à l'Académie, dont j'ai pourtant l'honneur d'être membre, et je n'avais pas le droit d'espérer que mes trente-neuf immortels confrères vinssent abaisser leur front académique sous les voûtes de ma prison. Six d'entr'eux m'ont donné ce témoignage personnel d'estime et d'amitié, et sont venus s'assurer par leurs yeux qu'on ne m'avait point envoyé à Poissy avec quelque galérien. Et pourquoi non? Je suis de l'Académie? mais n'a-t-on pas envoyé dans cette prison des malfaiteurs, M. Magallon et plusieurs hommes de lettres, qui seront de l'Académie, lorsque nous n'en serons plus? Peut-être est-ce là le cas d'observer que l'illustre compagnie à laquelle j'appartiens est instituée, non-seulement pour honorer les lettres, mais pour protéger ceux qui les cultivent; et que les persécutions dont ils sont l'objet ne devraient pas lui rester aussi complétement étrangères. Si l'Académie se flattait que ses membres du moins fussent à l'abri du malheur qui a frappé le jeune Magallon, je l'enverrais toute entière en consultation chez tel homme de robe dont le nom mal prononcé fait toujours rougir la femme, qui lui répéterait ce qu'il disait il y a quelques jours, avec cette intempérance de paroles qui est le caractère particulier de son éloquence : « Que la loi » est égale pour tous, qu'elle ne fait point » de différence entre ce qu'on appelle aujourd'hui délits politiques, et ce qu'on a » de tous temps appelé délits infamans; » et que par conséquent la même peine » peut être infligée à des délits sembla- » bles. »

Mais laissons l'académie, et, par une transition qu'on trouvera peut-être un peu brusque, parlons des femmes qui ne nous ont point abandonnés dans notre solitude; et, pour ne rien diminuer du mérite de leur sacrifice, disons d'abord que le plus jeune des deux prisonniers qu'elles viennent consoler par leur douce présence a vu s'accomplir son dixième lustre. Après cette confidence on trouvera plus touchant le contraste de ce lieu d'horreur et de dégoût avec des femmes élevées dans toutes les habitudes du luxe et de la mollesse, qui viennent chaque jour s'y enfermer quelques heures; celles qui ne respirent que l'air embaumé des parfums et des fleurs, qui ne s'asseyent que sur l'édredon, dont les pieds ne foulent que de riches tapis, ne craignent pas d'affronter l'air épais et humide de notre salon souterrain, et de s'asseoir sur d'étroits bancs de bois, dont la dureté est le moindre inconvénient. J'insiste sur ces désagrémens physiques parce que ce sont les seuls auxquels les femmes attachent elles-mêmes quelque prix, et dont elles veulent qu'on leur tienne compte.

La conversation, dans ces assemblées pleines de charmes, n'est qu'un long commentaire de ces questions amicales : Comment votre santé se trouve-t-elle du régime des prisons? que peut-on faire pour rendre votre position plus supportable? comment passez-vous votre temps?.... Tous ces discours qu'animent des réflexions plus ou moins piquantes, plus ou moins gaies sur l'époque où nous vivons, seraient d'un trop faible intérêt pour trouver place ici ; d'ailleurs quatre heures sonnent, nos amis nous quittent, et je rentre dans ma cellule pour achever mon chapitre ; je retrouve sur mon papier ma pièce de monnaie, et continuant à m'adresser à la noble effigie qu'elle me présente :

« Sire, vous avez connu le malheur de
» l'exil, plus cruel que la prison ; vos amis,
» comme les miens, sont-ils restés fidèles à

» votre infortune? Étiez-vous à Hartwel
» aussi heureux que je le suis à Sainte-
» Pélagie? »

E. J.

DIX-SEPTIÈME CONSOLATION.

PLATON. — SOCRATE. — M. COUSIN.

PARMI les grands hommes qui m'ont accompagné à Sainte-Pélagie, et qui sont toujours prêts à m'offrir quelque avis utile et quelque réflexion consolante, je retrouve avec plaisir le sage Socrate et le divin Platon. Pour comble de bonheur, leur savant interprète, M. Cousin, semble inspiré de leur génie, et me paraît jusqu'ici le seul traducteur qu'ils eussent eux-mêmes jugé digne de les entendre. Ce n'est point un de ces vulgaires érudits dont l'esprit n'a que la force nécessaire pour lutter contre les difficultés de la phrase ; il saisit la pensée, il pénètre jusqu'à son principe ; il en voit les développemens ; c'est Platon lui-même qui nous parle par sa voix.

Peuple trop insouciant ! Nous avons parmi nous des hommes pleins d'amour pour la science, pleins de ferveur pour la vérité ; des hommes qui, jeunes encore, nous offrent les fruits mûrs d'un talent supérieur, et à peine accordons-nous un regard à leurs nobles labeurs ! Le dirai-je ! loin de leur rendre une justice méritée, loin de couronner leurs fronts du laurier des Muses, nous les traitons avec rigueur ; un gouvernement mal conseillé les repousse, et ils tomberaient dans le découragement, si le feu du génie ne brûlait leurs âmes, s'ils n'apercevaient dans le lointain l'espérance qui leur sourit, et la gloire qui leur montre ses palmes.

Si l'ouvrage que j'ai sous les yeux [1] eût
paru en Angleterre, dans la langue du
pays, son apparition eût été saluée comme
un événement honorable pour la Grande-
Bretagne. L'Europe entière eût été invitée
à l'admiration ; l'écrivain honoré des suf-
frages de ses concitoyens eût déjà reçu le
plus doux prix de ses veilles. Ici M. Cousin ne rencontre que des obstacles ; sa carrière est semée d'épines ; chaque pas qu'il
fait est un effort. Il fallait ramper, il fallait être servile ; mais aussi il fallait ab-
diquer son talent, et se séparer de l'a-
venir.

Ces réflexions sont pénibles, je les écarte
pour m'occuper de Socrate ; son procès
m'intéresse, il me fournira plus d'une remarque utile, plus d'un motif de patience.
Son acte d'accusation fut dressé par Mélitus,
l'un des plus ardens fanatiques de l'époque.

---

[1] Traduction de Platon, par V. Cousin.

« Mélitus, fils de Mélitus, du bourg de Pithos, accuse, par serment, Socrate, fils de Sophronisque, du bourg d'Alopèce. Socrate est coupable en ce qu'il ne reconnaît pas les dieux de la république, et met à leur place des extravagances démoniaques. Il est coupable en ce qu'il corrompt les jeunes gens. Peine, la mort. »

Mélitus, faisant le rôle d'accusateur public, soutient ses allégations par des discours étudiés, et, selon l'expression même de Socrate, brillans de tous les artifices du langage. On devine aisément qu'il n'épargna ni les injures, ni les calomnies, ni les déclamations. Je suis fâché que le temps nous ait envié ce réquisitoire.

Voilà donc Socrate accusé de ne pas croire aux dieux de la république. Il est vrai que ce philosophe avait peu de foi aux colombes de Vénus et au cygne de Léda il doutait des métamorphoses de Jupiter, et même des filets de Vulcain. Mais Aristo-

phane, son premier délateur, était bien
moins respectueux que lui envers les divinités de la Grèce; il n'avait pas même
épargné dans ses facéties populaires le souverain des dieux, et avait exposé l'Olympe
tout entier à la risée des Athéniens. Cependant Aristophane ne fut point en butte à
des poursuites judiciaires. Les magistrats
d'Athènes, aussi patiens que leurs dieux, ne
lancèrent point la foudre sur l'impie; il
vécut et il mourut en paix.

Après un tel exemple comment expliquer l'accusation, le jugement et le supplice de Socrate qui n'avait jamais insulté
personnellement, ni Jupiter, ni aucune autre
divinité de sa cour, et qui ne s'était pas
même permis la plus légère plaisanterie
sur leur compte? Il ne blâmait ni les sacrifices, ni les fêtes, ni les autres cérémo-
nies de la religion; il s'était même soumis,
comme citoyen, aux formes extérieures du
culte public. Ses disciples bien-aimés,

Xénophon et Platon, qui ont recueilli ses paroles avec un soin pieux, nous ont appris que les lois civiles et religieuses de la république lui inspiraient un sentiment profond de respect. Quel fut donc le vrai motif qui souleva contre lui une si violente persécution ?

M. Cousin croit que les efforts de Socrate pour soustraire la morale au dogmatisme religieux, et faire triompher la raison de la fausse sagesse de son temps furent la cause de son procès, et le motif de sa condamnation. Quelque puissante que soit pour moi l'autorité d'un esprit aussi élevé, j'ai quelque peine à adopter cette opinion. L'expérience de tous les temps nous a suffisamment prouvé qu'en ménageant les hommes il est peu dangereux d'attaquer les doctrines. Aristophane en insultant les dieux laissait leurs ministres en repos. Si au lieu de lancer ses traits sur des citoyens isolés, il eût hasardé de tourner en ridicule quel-

que prêtre d'Éleusis, ou quelque sacrifica-
teur de Minerve, tout l'ordre sacerdotal se
fût réuni contre lui, et je ne doute point
qu'il n'eût succombé sous le poids de leur
vengeance.

Après avoir lu avec attention l'histoire
du procès de Socrate, je suis porté à croire
que l'accusation d'impiété envers les dieux,
d'outrage à la morale publique, ne fut que
le prétexte de sa condamnation, et qu'il
faut en chercher la véritable cause dans des
haines personnelles, dans les ulcérations
de l'intérèt et les blessures de l'orgueil ;
un passage de *l'apologie* peut jeter quelque lumière sur ce sujet; c'est celui où
Socrate raconte les épreuves qu'il a fait
subir à ses concitoyens, tels que les politiques, les orateurs, les poëtes, les artistes;
c'est-à-dire, tous ceux qui influaient sur
les assemblées du peuple, et qui exerçaient
le pouvoir religieux et civil de la république. Socrate les interrogeait à sa ma-

nière, et leur prouvait jusqu'à l'évidence qu'ils étaient des ignorans. Cette découverte les mettait en fureur, surtout les politiques et les prêtres, qui avaient de grandes prétentions à la science. Cette remarque me paraît d'autant mieux fondée que Socrate dit lui-même à ses juges, en parlant de ces inimitiés : « Je sentais bien quelles » haines j'assemblais sur moi, j'en étais af- » fligé, effrayé même. » « Voilà, ajoute-t-il » ailleurs, les recherches qui ont excité contre » moi tant d'inimitiés dangereuses. » Ses accusateurs représentaient toutes les classes de ses ennemis : Mélitus les poëtes; Anytus les politiques et les artistes; Lycon les orateurs.

« Athéniens, dit encore Socrate en ter- » minant la première partie de sa défense, » vous avez entendu la vérité toute pure; je » ne vous cache et ne vous déguise rien, » quoique je n'ignore pas que tout ce que » je dis ne fait qu'envenimer la blessure;

» et c'est cela même qui prouve que mes
» paroles sont vraies, et que je ne me suis
» pas trompé sur la source de ces calom-
» nies. »

Veut-on quelque chose de plus fort ,
Socrate, revenant sur cette idée, dit encore :
« Ce qui me perdra, si je succombe, ce ne
» sera ni Mélitus, ni Anytus ; mais l'envie
» et la calomnie, qui ont déjà fait périr tant
» de gens de bien , et qui en feront périr
» tant d'autres; car il ne faut pas espérer
» que ce fléau s'arrête à moi. » Socrate
connaissait bien la nature humaine.

Je ne doute point que Mélitus et Anytus
n'aient couvert leurs imputations calom-
nieuses des plus beaux dehors, et qu'ils ne
se soient servis de ces prétextes si souvent
employés, d'amour de l'ordre et du bien
public, à l'abri desquels tant d'outrages à
la raison et à la justice ont été commis. Il
me semble entendre ces infâmes délateurs
s'écrier : « Oui, Socrate, tu es un ennemi

» de la république et des principes qui la
» soutiennent ; tu séduis la jeunesse, tu lui
» apprends à mépriser la religion et les lois
» du pays ; tu fais des jeunes Athéniens au-
» tant de séditieux qui secouent le joug de
» l'autorité, dédaignent les instructions des
» hiérophantes , et veulent tout mesurer
» avec leur raison. Il y a dans tes doctrines
» une tendance à bouleverser l'état. So-
» phiste dangereux et subtil, tu flattes les
» passions de tes disciples ; c'est toi qui as
» perdu Alcibiade ; c'est toi qui as façonné
» Critias [1] à la tyrannie. Il faut que tu pé-
» risses pour le salut d'Athènes, et que ta
» mort désarme la colère des dieux. »

On sait combien il est difficile de se défendre de ces vagues accusations devant des
juges passionnés ou corrompus. L'arrêt est
médité d'avance, et Minerve elle-même se-

---

[1] Critias, l'un des trente oligarques, avait été au
nombre des auditeurs de Socrate.

rait descenduc du Parthénon pour plai-
der la cause de Socrate qu'il l'aurait perdue.
Ce qui m'étonne, et ce qui l'étonna lui-
même, ce fut la faible majorité qui vota
pour sa condamnation. Il déclare qu'il était
loin de s'y attendre; « car, à ce qu'il paraît, dit-il, il n'aurait fallu que trois voix
de plus pour que je fusse absous. » Cette
circonstance est importante; elle prouve
que les ennemis de Socrate ne purent allé-
guer contre lui aucun fait positif, et qu'ils
se trouvèrent réduits à la violence des déclamations. Je parierais bien qu'ils firent
subir à ses discours les tortures les plus
exquises de l'interprétation; qu'ils lui prê-
tèrent des intentions qu'il n'avait pas;
qu'ils le représentèrent comme un factieux en état de conspiration permanente
contre la république. S'ils avaient pu démontrer avec clarté qu'il était un mauvais
citoyen, un ennemi des lois, il n'est pas à
présumer que, sur cinq cent cinquante-six

juges, deux cent soixante et quinze eussent opiné en sa faveur.

Je ne serais pas éloigné de penser, et je crois que M. Cousin est à peu près du même avis, qu'il existait deux partis dans Athènes à l'époque où Socrate mourut, et qu'il était du parti de l'opposition; ou bien, ce qui revient au même, que Mélitus, Anytus et Lycon le firent passer pour un frondeur. Dans cette hypothèse tout s'explique facilement. Plus d'une expérience a prouvé qu'il est inutile de raisonner avec des hommes possédés du démon de parti. Alors les dénominations font tout. On ne demande plus d'un homme accusé s'il est en effet coupable, si la dénonciation portée contre lui n'est pas sortie d'une source fangeuse, si elle n'est pas le produit de la haine et de l'envie; on s'enquiert seulement à quel parti il appartient. Voulez-vous le perdre, dites qu'il est du parti opposé à la faction qui domine, et soyez sûr qu'il sera jugé sans être entendu, ou du moins sans être écouté. Cela se passait ainsi du temps de Socrate.

J'ai envie de faire une querelle à M. Cousin, et de discuter un moment avec lui. C'est un amusement qu'on peut se permettre en prison, et qui, je l'espère au moins, ne sera pas considéré comme séditieux. M. Cousin nous dit : « C'est l'esprit du temps et non pas Anytus ni l'aréopage qui a mis en cause et condamné Socrate. » Voilà une proposition qu'il me paraît très-important d'éclaircir.

Lorsque Socrate fut traduit devant l'aréopage, il y avait quarante ans que ce philosophe faisait profession d'instruire la jeunesse athénienne. Il ne tenait point école; il ne se cachait point dans les ténèbres pour répandre ses doctrines. Ses leçons étaient publiques, si l'on peut appeler leçons des entretiens familiers où il recommandait la pratique de toutes les vertus, l'obéissance aux lois, le respect de soi-même, l'amour de la patrie; où, pour me servir des paroles énergiques de Cicéron, il faisait descendre la philosophie du ciel sur la terre, la plaçait dans les villes, lui ouvrait l'entrée des maisons particulières, l'introduisant ainsi dans les habitudes ordinaires de la vie pour la régler suivant les lois de la sagesse [1].

Dans le temps même que Socrate remplissait cette importante mission, les premiers coups furent portés aux croyances populaires; les divinités mythologiques furent immolées sur la scène par l'audace des poëtes, et il se fit une révolution dans les idées : des actes publics nous l'attestent, et je n'en veux d'autre preuve que la mutilation des statues de Mercure, attribuée à de jeunes étourdis inspirés par Alcibiade. Cette action inouïe ne pouvait avoir lieu qu'à une époque où la raison s'élevait sur les dé-

---

[1] Cic., *Tusc. quæs.*, liv. 5, n. 10.

bris des vieilles doctrines, et où il s'était
fait un changement notable dans les opinions. Nul doute que Socrate n'ait contri-
bué pour sa part à ce mouvement des esprits. Il ne se déclarait point contre les
dieux publiquement reconnus et honorés;
mais en séparant, comme dans l'Euthy-
phron, le sentiment moral, des formes religieuses et accidentelles qui en altéraient la
pureté, il rendait à la raison toute son indépendance, et affranchissait la pensée du
despotisme de l'autorité.

On se ferait difficilement une idée du
nombre de ses disciples et de l'ardeur avec
laquelle les jeunes Athéniens accouraient à
ses leçons. Je ne parlerai ni de l'aventure
de Xénophon, ni de celle d'Aristippe;
ce que Plutarque et Aulu-Gelle racontent
d'Euclide le Mégarien, prouve suffisamment
jusqu'où allait la passion des disciples de
Socrate pour profiter de ses instructions:
Athènes et Mégare étaient alors en guerre;

l'animosité réciproque était si violente qu'on faisait prêter serment aux généraux athéniens de ravager le territoire de Mégare deux fois l'année, et qu'il était interdit aux Mégariens, sous peine de la vie, de mettre le pied dans l'Attique. Cette défense ne put arrêter Euclide. Il sortait de la ville sur le soir en habit de femme, la tête couverte d'un voile, et se rendait la nuit au logis de Socrate. Il y restait jusqu'à la pointe du jour, et retournait chez lui sous le même déguisement.

Telle était l'influence de Socrate qu'Aristophane, qui ne cherchait que d'illustres victimes, entreprit de l'immoler sur la scène, et composa contre lui la comédie des *Nuées*. C'est à cet événement que Socrate fait allusion dans son apologie, lorsqu'au nombre de ses premiers délateurs il parle d'un certain faiseur de pièces de théâtre. Il faut avouer qu'il n'y a pire engeance sur la terre que ces écrivains, travaillés de l'envie de nuire, et

presque toujours par les plus vils motifs. Socrate était l'admirateur d'Euripide ; il ai-
mait les tragédies de ce poëte, où se trouvent d'excellens principes de morale. Aristophane haïssait Euripide de cette haine
inextinguible que font naître trop souvent
les rivalités de réputation et de succès.
C'était Euripide qu'il voulait aussi blesser
en attaquant son ami; plus cet ami avait
d'ascendant sur l'opinion, plus il importait
de l'affaiblir. C'est ainsi qu'on déshonore la
noble profession des lettres.

Dans la comédie d'Aristophane, Socrate
est représenté comme un ennemi des dieux;
comme un homme gonflé d'orgueil, plein
d'estime pour lui-même, et de mépris pour
les autres. Si l'esprit du temps dont parle
M. Cousin eût été si hostile envers Socrate,
il se fût alors soulevé contre lui. Mais
l'existence de Socrate ne fut point troublée;
on dit même qu'il assista à la première
représentation des *Nuées*, sans s'émouvoir

et sans marquer le moindre déplaisir. Quelques étrangers voulant savoir qui était ce Socrate dont le nom revenait si souvent dans la pièce, il se leva de sa place, et se montra aux curieux tant que l'action dura. Quelques amis s'étonnaient de son sang-froid et de sa patience. « Que voulez-vous? répondit Socrate, j'imagine que j'assiste à un grand repas où les convives se plaisent à s'égayer à mes dépens; je ne veux pas troubler la joie du banquet ; il faut savoir entendre raillerie. »

Il est donc évident qu'on regardait alors comme des traits comiques ces reproches d'incrédulité et de mépris pour les dieux adressés à Socrate; il fallait nécessairement que les idées eussent beaucoup changé à cet égard; et, si l'on veut bien observer que vingt années s'écoulèrent entre l'apparition des *Nuées* et le procès du philosophe , on concevra sans peine tous les progrès de l'opinion , dans ce long espace de temps , chez un peuple aussi spirituel que les Athéniens.

Je regarde donc comme une chose certaine que l'esprit général de l'époque favorisait Socrate, et je serais glorieux de ma petite érudition, si M. Cousin revenait à mon avis. Reste une difficulté que j'ai prévue, et dont il sera facile de délivrer mon système.

On me dira sans doute : Si l'esprit du temps protégeait Socrate, comment se fait-il qu'il ait été condamné à mort ?

Je crois que je résoudrai cette question d'une manière très-satisfaisante pour un lecteur raisonnable. Un changement de doctrines, surtout lorsque des intérêts matériels sont liés à ces mêmes doctrines, ne se fait pas tout d'un coup. Les germes des opinions nouvelles sont d'abord jetés dans les esprits ; ils ne deviennent féconds et ne se développent que par degrés ; ils passent avec lenteur d'une intelligence à l'autre, et il leur faut un temps considérable pour devenir des idées fixes et générales. Pendant toute cette époque, leur végétation intellectuelle n'éprouve aucun obstacle ; on médite, on disserte, on fouille les principes, et l'on en fait sortir toutes leurs conséquences sans alarmer personne. L'instant critique est celui où l'on veut en faire l'application. C'est alors que tous les intérêts attachés aux vieilles doctrines se mettent en révolte et font résistance. Alors la lutte s'engage; le résultat définitif n'est pas douteux ; mais le combat est opiniâtre, et même quelquefois assez long.

Pense-t-on que les congrégations sacerdotales d'Athènes fussent charmées de voir diminuer leur considération, et surtout la quantité de victimes grasses dont la partie la plus succulente était destinée aux dieux, c'est-à-dire aux prêtres? Cette foule nombreuse qui vivait dévotement à l'ombre des autels de Minerve et de Jupiter, et dont la croyance était un intérêt personnel, devait facilement accueillir toutes les calomnies dirigées contre un philosophe qu'on déclarait hostile envers les dieux, ou même indifférent à leur culte ; car, dans des temps pareils, l'indifférence en matière de religion est un crime irrémissible. Il faut croire ou avoir l'air de croire, si l'on veut vivre en repos. C'est ce qu'il y a de mieux à faire pour un homme qui se sent quelque répugnance pour la ciguë.

Les doctrines mythologiques étaient donc décréditées dans Athènes, mais elles faisaient partie intégrante de la constitution de l'état. Les pompes du culte étaient tout à la fois religieuses, politiques et civiles. Les hommes en pouvoir, les orateurs, les magistrats ennemis de toute réforme, et armés de la force des lois, se débattaient contre l'esprit du temps, et il suffisait de parler à leurs passions ou à leur intérêt pour en obtenir d'injustes condamnations.

Ce fut donc l'esprit des vieux temps qui tua Socrate, et non les nouvelles opinions. On savait qu'il mourait innocent, ses juges le savaient eux-mêmes ; mais ils étaient sous la domination d'un parti. Socrate ne s'y trompa point, il n'ignorait pas sa destinée ; il avait même pensé à garder le silence devant l'aréopage ; et il déclara qu'il ne se défendait que pour obéir à la loi.

Tel est l'effet de l'injustice et des proscriptions, qu'elles donnent plus de force aux doctrines qu'on veut anéantir. La mort de Socrate, loin de nuire à la philosophie, servit à la rendre encore plus populaire. Libanius nous dit qu'Athènes fut plongée dans le deuil. Bientôt, et ceci est une preuve sans réplique de mon opinion sur les vraies causes de ce grand crime du fanatisme, bientôt on demanda compte aux accusateurs du sang innocent qu'ils avaient fait répandre. Mélitus fut condamné à mort, les autres furent envoyés en exil. Plutarque observe que les ennemis connus de Socrate inspiraient une telle horreur à leurs concitoyens, qu'on ne voulait ni leur donner de feu, ni répondre à leurs questions, ni se trouver avec eux aux bains. La plupart s'arrachèrent la vie dans les convulsions du désespoir [1]. S'il faut en croire Diodore, et je ne vois aucune raison de repousser son témoignage, les Athéniens firent élever à Socrate une statue de bronze, de la main de Lysippe. Ils lui dédièrent, comme à un demi-dieu, un édifice qu'ils nommaient dans leur langue *Socratéion*, c'est-à-dire chapelle de Socrate. Voilà des faits qui me semblent prouver contre M. Cousin que ce fut la passion, la haine, les calomnies du parti fanatique d'Athènes, qui condamnèrent Socrate, et non l'esprit du temps.

L'apologie de Socrate, recueillie par Platon, son disciple bien-aimé, est un admi-

---

[1] Plut., *de Invidiâ et Odio*.

rable chef-d'œuvre. Cicéron ne pouvait s'empêcher de verser des larmes en la lisant, et il est vrai que je ne connais rien dans l'antiquité de plus noble à la fois et de plus pathétique. Qu'on se figure un vieillard de soixante-dix ans, d'une vie sans tache, qui avait remporté le prix de la valeur à la bataille de Délium, et n'avait pour ainsi dire respiré que pour le bonheur des hommes; point orgueilleux, point farouche, du naturel le plus doux, du caractère le plus gai, aimant à cultiver les Muses, ne rougissant même pas dans sa vieillesse d'apprendre à jouer de la lyre [1]. Cet homme plein de sagesse a le malheur d'aimer et d'enseigner la vérité : cela suffit, c'est un corrupteur de la jeunesse, un athée, un factieux; il est traduit devant un tribunal vendu à quelques fanatiques ;

---

[1] *Socrates, jam senex, institui lyrâ non erubescebat.* Quintil., lib. I, cap. 10.

l'iniquité triomphe , il boit le poison sans pâlir, et sa mort est pour ses disciples une dernière et sublime leçon.

On croit que la franchise de son apologie irrita la majorité de ses juges ; qu'il aurait mieux fait de les ménager, de faire des concessions , de descendre même aux prières et aux larmes. Il ne crut pas convenable d'employer ces sortes de moyens, et il eut raison. Lorsqu'il fut condamné , il dit : « Athéniens, je succombe pour n'a-
» voir pas voulu me lamenter, pleurer et
» descendre à toutes les bassesses auxquelles
» vous êtes habitués. Mais le péril où j'étais
» ne m'a point paru une raison de rien
» faire qui fût indigne d'un homme libre ;
» et maintenant encore, je ne me repens
» pas de m'être ainsi défendu. J'aime beau-
» coup mieux mourir que de devoir la vie
» à une lâche apologie. Ni devant les tri-
» bunaux, ni dans les combats , il n'est

» permis ni à moi, ni à aucun autre, d'em-
» ployer toutes sortes de moyens pour éviter
» la mort. Tout le monde sait qu'à la guerre
» il serait très-facile de sauver sa vie en
» jetant ses armes, et en demandant quar-
» tier à ceux qui vous poursuivent. De
» même, dans tous les dangers, on trouve
» mille expédiens pour éviter la mort quand
» on est décidé à tout dire et à tout faire. Eh!
» ce n'est pas là ce qui est difficile, Athé-
» niens, d'éviter la mort; mais il l'est beau-
» coup d'éviter le crime; il court plus vite
» que la mort. C'est pourquoi, vieux et
» pesant comme vous me voyez, je me suis
» laissé atteindre par le plus lent des deux;
» tandis que le plus agile, le crime, s'est
» attaché à mes accusateurs qui ont de la
» vigueur et de la légèreté. Je vais donc
» subir la mort à laquelle vous m'avez con-
» damné, et eux l'iniquité et l'infamie à
» laquelle la vérité les condamne. Pour

» moi, je m'en tiens à ma peine et eux à la
» leur. En effet, peut-être est-ce ainsi que
» les choses devaient se passer ; et, selon
» moi, tout est pour le mieux. »

Après avoir adressé les dernières réflexions aux membres de l'aréopage qui l'avaient absous, il termina ainsi son discours :
« Il est temps que nous nous quittions,
» moi pour mourir, et vous pour vivre. Qui
» de nous a le meilleur partage ? Personne
» ne le sait, excepté Dieu. »

Pendant les trente jours que Socrate passa dans sa prison, en attendant le retour du vaisseau de Délos, il continua de voir ses amis et de les entretenir de sujets de morale avec la même tranquillité d'âme, le même intérêt que dans les temps les plus paisibles de sa vie. Criton, l'un de ses disciples les plus dévoués, lui proposa d'échapper à la mort en fuyant de sa prison. Tous les amis de Socrate, des étrangers même , s'étaient réunis pour assurer sa fuite ; les moyens étaient prêts, il ne restait à obtenir que son consentement : on sait que Socrate rejeta cette proposition. Il était âgé, ce n'était que le sacrifice de quelques années qu'il faisait aux doctrines qu'il avait jusqu'alors enseignées, et dont le précepte fondamental était l'obéissance absolue à la loi quelle qu'en fût l'application. Il ne voulut pas démentir en un instant les principes qui avaient réglé sa vie entière, ni porter la moindre atteinte à sa réputation. Il y aurait beaucoup à dire sur ce sujet. Ce qu'on ne peut s'empêcher d'admirer, c'est ce calme philosophique, ce dédain de l'injustice, ce mépris de la mort, cette inébranlable résolution qui ne laissent aucune prise à la faiblesse humaine. D'autres ont été les martyrs du dogme , Socrate fut le martyr de la morale.

Socrate avait élevé ses idées jusqu'à l'unité de Dieu; cette première idée l'avait conduit à l'espérance d'une vie meilleure : le développement de cette grande pensée forme le sujet du Phédon. J'ai relu tout ce dialogue avec la plus profonde attention, et je ne pense pas que l'esprit humain puisse aller au delà des hauteurs où le génie de Platon s'est reposé; je suis bien aise de me trouver d'accord sur ce point avec M. Cousin, que j'avais perdu de vue, et que je retrouve avec plaisir.

Je veux lui dire combien, dans ces heures solitaires, où le temps s'abat généralement de tout son poids sur le captif, séparé des doux objets de ses affections, et dont les regards ne s'arrêtent que sur des grilles inflexibles, j'ai trouvé de charme dans la lecture de son Platon. En parcourant ces grandes pages marquées du sceau de la sagesse antique, étincelantes de traits sublimes, j'oubliais l'injustice des hommes, les attaques envenimées de la calomnie, les odieuses

fureurs de l'esprit de parti, je m'oubliais
moi-même, et les heures devenues légères
fuyaient d'un vol rapide.

A. J.

TABLE

DES CONSOLATIONS

CONTENUES

DANS LA PREMIÈRE PARTIE.

FIN DE LA PREMIÈRE PARTIE.

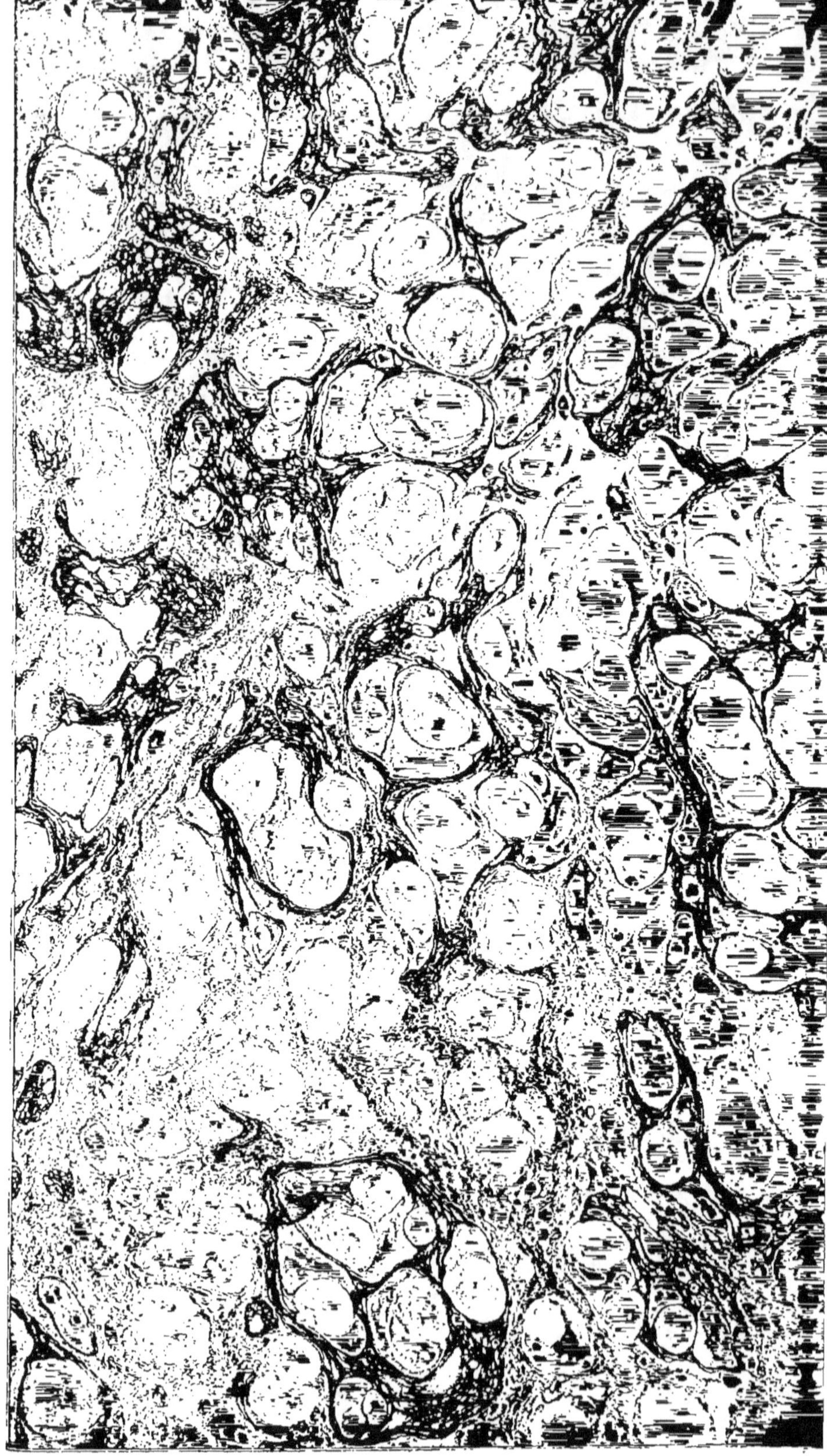

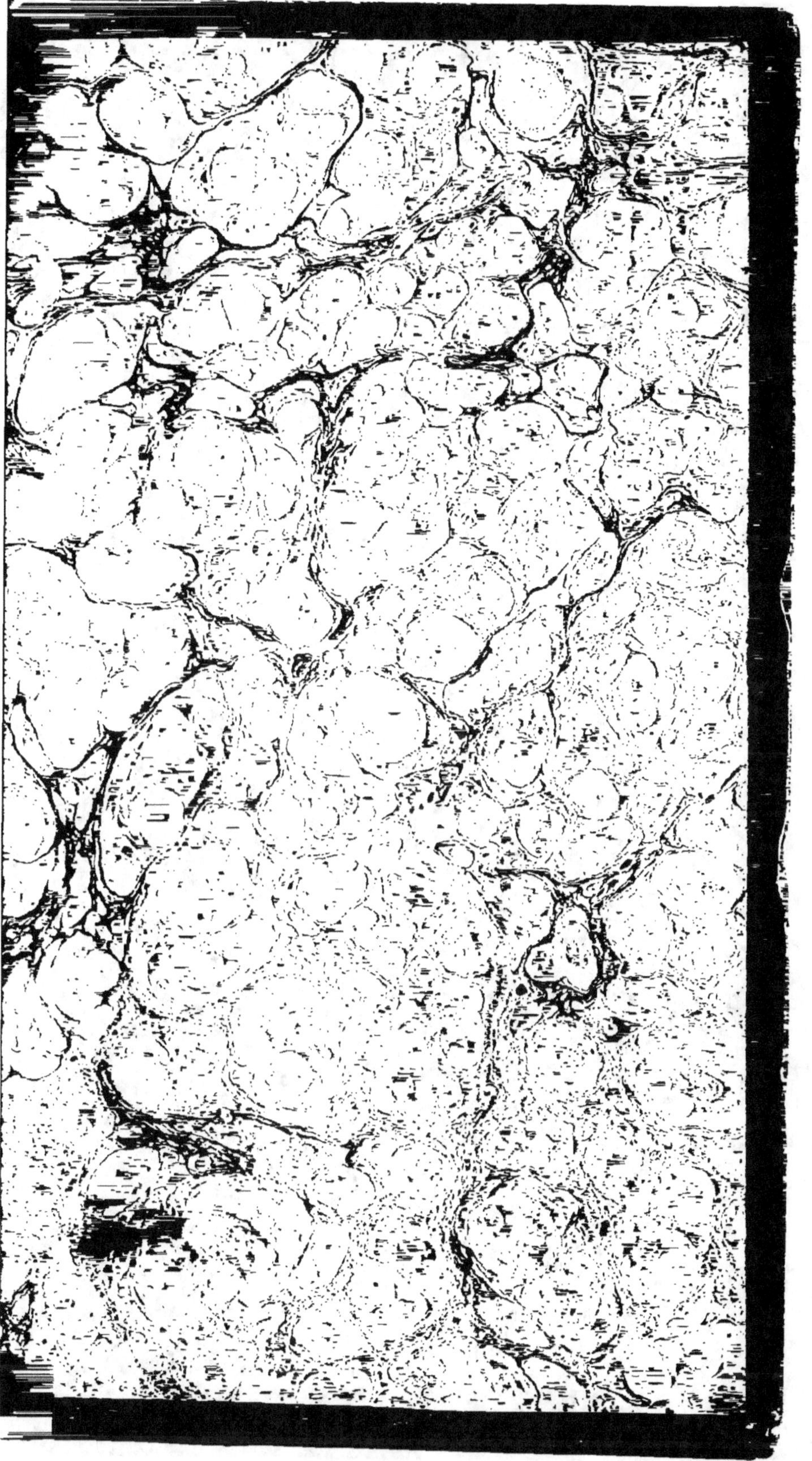